法律與人生
The Law and Life

劉俊麟◎著

　　有鑑於現行市面上並無所謂「法律與人生」的教科書,而現有教學內容亦未將完整的法律概念引導入人生當中,而經常會與「法律與生活」的內容形成幾乎重疊的現象,所以筆者嘗試撰擬本書,希望學生們在上完此一課程後,能從別人發生過的人生經歷中,學習到正確且完整的基本法律常識及人生經驗。

　　本書從每個人的生命做開端,也就是出生開始,從出生到七歲的「無行為能力」這個階段後,進入了青少年求學的「限制行為能力」階段。而保護這個階段的兒童及少年保護法,就是主要的法源依據,觸犯就必須接受輔導或移送少年法庭來處理。順利地度過需要監護人觀護的時期後,年滿二十歲就是成年人。

　　成年人便可自由行動,然而過去的保護傘拿掉後,有了更多的權利及義務要遵守,例如如果和別人起了財務糾紛或權利的爭執,或者人生中的遺囑及財產分配就是必須要靠民法來解決;假使有了蓄意侵害別人的行為時,如傷害、侮辱、侵占、詐欺、或殺人等,就要按照刑法來處理。以上的這些例子,都是人生過程當中較容易觸及的規範,所以人一生中的每一道關卡,都要經過層層的考驗與法律來維繫。尤其在面對人生的美麗與哀愁時,如何「讓哀愁轉為動力,讓美麗擁有智慧」,相信透過法律在人生當中的洗鍊,便能掌握圓滿的人生,在守法守紀之中,過的輕鬆自在且逍遙。

　　畢竟人生是起起伏伏的,有潮起必有潮落,而所謂「盡人

事、聽天命」，即知世間事並非盡如人意，所以許多事本就該進退合宜，正所謂「窮則獨善其身，達則兼善天下」。所以一直很想把在心中所交織之人生體驗及對人生的讚嘆，做一次屬於法律人的情境闡述。因為當一個人瞭解以「知識」和「智慧」來駕馭人生，且當對人生越來越認識時，才會懂得體味人生必須用心與投入，隨著每次人生的轉折發現那種「悸動」與「醉人」的感覺，如此人生才值得靜靜地欣賞！否則當法律不能彰顯並符合一般情理與公平、正義的期待時，其本身就已失去意義！

劉俊麟　謹識

目錄

　　有人說：「人生如戲，戲如人生」。的確，我們的人生彷彿是一場戲，有的人在這五光十色的舞台上，迷失了自己；有的人卻從中找到屬於自己的舞台。媒體說「婚喪喜慶」是檢驗社會地位最好的時機，但是今日社會卻用排場將其物欲化，進而忽略其中更為深層的人生意義。

　　有道是：「不負我心、不負此生」，其實在現實的人生當中想要超越生死，或許無法如願完全地達成，因而在歷史中曾經留下許多的疑惑或謎團，這也因此創造出人們無窮想像的空間，然而先輩們卻能透過「宗教、禮儀習俗、文物風水及法律」所形成「人生律動」來延續這段人世間的因緣際會，更何況我們每個人的價值，不在於外在的評價，而是在於我們給予自己真正的評價——修身（修持人格、品格及風格）、齊家（家教、家風及家學），然後治國、平天下，不是嗎？

　　所以人生當中存在著兩件重要的「禮成」關鍵，那就是從初生、學習的過程，以及成長過程中利用「婚、喪」紅白事來轉換對於生死的各種企盼與思念，因為生命涵蓋住胎到天人兩隔的形式，如何能夠昇華出「替代生死」的另一番心靈的正確詮釋與頓悟，因而本書將以「民事法律百科」為經，以「人生所可能觸及的重要關鍵問題」為緯來組成整本書的架構。

　　結婚，拉開生的序幕，從無到有，然後誕生延續的「新生命」——「生」；至於一路走來面臨從有到無，人生盡頭之「舊緬懷」

——「死」，而這兩種境界的轉換觀念，徹底改變生命型態的存在「真實與虛幻」的特殊狀態，這曾是筆者在短短的一個月內所同時面對的人生！

現代人於繽紛喧囂的表面感官中，往往無法深入體會婚、喪深沉的人生意義，甚至許多年輕人或為人父母者輕忽自己的生命，且無端加諸於稚零幼子的身上。這些警訊正悠遠地透過種種訊息，引領我們去省思人生當中之法門真諦！其實真正理解人生的人一定明白，「人生的美麗」其實就在延續家庭的和樂及平常知足的日子之中。

王國維的「人生三境」，讀者不妨慢慢體會其意境！

1.昨夜西風凋碧樹，獨上高樓，望盡天涯路。
2.衣帶漸寬終不悔，為伊消得人憔悴。
3.眾裡尋他千百度，驀然回首，那人卻在燈火闌珊處。

當然毫無疑問地，風俗規範在中國流行的情形，要比其他國家更具有權威與延續性，但如何透過法律的經驗來闡述及化解心中的苦悶與疑惑，正考驗著新世代的教學，而這正是本書所設法協助諸位法學先進未來教學上的一種解惑的鑰匙所在。

而依照現行我國大陸法系之法律基本原則來看，民事法律未規定者依「習慣」、無習慣時依「法理」；而刑法則採「罪刑法定原則」，同時行政罰與刑罰之構成要件雖有不同，而刑事判決與行政處分，亦原可各自認定事實，惟認定事實須憑證據，倘無證據足資認定有堪以構成行政罰或刑罰要件之事實存在，即不得僅以推測之詞就加以處罰，這則是二者所應為一致的法律基本精神十分濃厚。

首先當一個正處於懵懵懂懂摸索期的青少年，心中總難免會有許多超越年齡的想法，然而因此時身分與經歷淺薄而無法將想法付諸實現，所以該學習孔夫子的「吾十有五而志於學」，開始韜光養晦的來自我充實；接下來等到青年階段，此時就該學習法律的精神在謹慎言行及端正品格，而明白人生最重要的事，就是以「誠信」與「仁德」來立身處世的智慧，如此即便在挫折、爭執、失望及辛勞的眼淚中，我們都能輕易地學會並看見那片屬於人生中的另一扇窗。

其次當步入「三十而立之年」時，更該懂得充實自己，增進自身的學識與品德，千萬別虛擲光陰，而該開始更清楚屬於自己人生的方向，尋求勝任本分的發揮所長，努力嶄露頭角，借力扶搖而直上，這便是「認知」的智慧；爾後到略微有成，則須守成，律己克制；然後踏入「四十而不惑」，這個處於人生轉折的階段，遇到瓶頸或挫折乃理所當然，應思不進則退之道裡，努力突破，然後進入「五十知天命」的階段，基礎扎實，經歷豐富，做起事來自然得心應手、水到渠成，這時應該可說是人生的最高峰，這時就是「珍惜」的智慧。

然而當步入「六十耳順之年」，也就是該想想「一代新人換舊人」的時刻了！如何在「七十而從心所欲」的卸下重擔，頤養天年，那就是一種「放下」的智慧。這時年輕時的豐功偉業都已成過眼雲煙，如果能夠頓悟人生就是無時無刻都在學習品嘗酸甜苦辣，那麼就能同時享受成功的喜悅，反省失敗的教訓，也就是屬於一段完美成功的人生了！本書除了供讀者當作教科書外，也希望在「未來的人生旅程」當中能夠透過書中所傳達的訊息，協助讀者度過或提供一些參考；而讀者不妨想想本書從「過去」走向「未來」的的人生旅程中，是否在取捨之間為您尋求到一些指引的

蛛絲馬跡？

如果勇於「面對哀愁」，那所有的哀愁都將淡遠；勇於「面對美麗」，那所有的美麗都將會逐漸逝去！因為還原一切就能回歸「人生的眞相」，而眞相的背後就是一種自然豁達，不知您是否如此認爲呢？

第一章

人生之初
生之歸屬篇

基於人生而自由平等的法則，我國憲法第七條明文規定：「中華民國人民，無分男女、宗教、種族、階級、黨派，在法律上一律平等。」同時，第八條則規定：「人民身體之自由應予保障。除現行犯之逮捕由法律另定外，非經司法或警察機關依法定程序，不得逮捕拘禁。非由法院依法定程序，不得審問處罰。非依法定程序之逮捕、拘禁、審問、處罰，得拒絕之。」

　　因此維護人性尊嚴與尊重人格自由發展，乃自由民主憲政秩序之核心價值。雖然隱私權並非憲法明文列舉之權利，惟基於人性尊嚴與個人主體之維護及人格發展之完整，並為保障個人生活私密領域免於他人侵擾及個人資料之自主控制，隱私權乃為不可或缺之基本權利，而受憲法第二十二條所保障（參司法院釋字第五八五號解釋）。

　　因而我們開始在審視自己的人生時，便該很慎重的把握這個基本原則來思考，雖然人生當中許多之「緣起緣滅」，曾經讓多少人為之喜悅糾纏與悲痛心碎？然而一旦當我們必須面對時，究竟該從何種角度去審視思考這段屬於自己的人生觀，以及如何面對未來各項關卡的挑戰呢？尤其今日許多報章報導因為經濟因素而想不開或者痛失親人的訊息在我們的周遭迅速蔓延或感染時，這一項重要的人生課題便必須加以直接面對而不能逃避！

　　透過本書基本理論和基本知識的引導入門，接受法學思維和法律實務訓練，培養運用法學思維分析問題和解決問題的方法。運用本書以民法為經所掌握的知識和方法，去分析具體的案例解釋、來適用基本民法規則，然後得出對案例的處理答案。在這樣的運用中，不僅可以加深理解和記憶，而且可以使所學民法知識逐漸轉化成自己的人生素養和處理人生實務的能力。

第一節　生命緣起

　　從緣起之生滅中澈見「人生眞諦」，正如道德經中云：「大道無形，生育天地」。然而生命出現在地球上的時間可能要比我們原先知道的早，因爲起初我們只知道地球是在四十五億年前形成，而從格陵蘭島上發現的石頭上的證據卻顯示出生命可能早在三十八億年前就已經形成，這中間相差了七億年，雖然看似一段不短的時間，但卻是所有生命起源的最快極限，而地球上的生命起源於水中，且最初的生物是由無生物演變而來，這些都可以從自然與科學的相關著作及學術論文當中得到印證與解釋。

　　同時我們可以從現行人類歷史發展史的軌跡當中，發現在傳統教育體系下，一般人好像沒有機會接觸或學習到眞正的法律來自我保障，以致大部分的人都誤以爲法律就是背六法全書如此枯燥無味，其實法律的目的是在透過經驗來引導人生，所以人生「教育」，不該只是純然地在自然環境中求「生物性生命」的存在，而是必須依靠人類獨有的稟賦及正確詳實的「法治觀念」來薰陶，同時去創造並學習超乎本能之上的「生存能力」，進而超越和更進步地揮灑屬於自己的「無憂境界」。

　　生命教育（life education）的目的便是爲指導個體去瞭解、體會和實踐「愛惜自己、尊重他人、健全人格、發展潛能、和諧共榮」的整體人生教育觀（即憲法所保障平等、各項自由及權利的完整性，參憲法第七至十八條），而此類意涵包括：「認知、技能和情意」（cognize, the technical ability and affection）等三種層次的外在學習，而透過生理、心理、精神和靈性四個內在層面的增長智慧，再經由學校、家庭和社會三個人生階段來加以逐

一實踐與印證。

因而「人生教育」是以人爲本的教育，所以憲法第二十一條明訂人民有受教育的權利及義務，因爲只要是生存在這個世界上的一切都應有被尊重的權利，透過「人的定位、尊嚴和關懷」，進而達成與我們所處的自然環境契合的和諧關係，並達到「永恆、自在、瀟灑與至眞、至善及至美」的境界。同時憲法第一五八條規定：「教育文化，應發展國民之民族精神、自治精神、國民道德、健全體格、科學及生活智能。」更可印證本書的精神所在。

生命的開端到歸去來兮這一生究竟該由誰來決定自己的未來？生命究竟是什麼？通常我們會被認爲是從有胚胎的那一刻開始，直到一個人老死的那一刻爲止，這就是所謂的生命全程，而民法第六條規定：「人之權利能力，始於出生，終於死亡。」；至於胎兒則規定在民法第七條：「胎兒以將來非死產者爲限，關於其個人利益之保護，視爲既已出生。」

人類的卵子和精子形成「單細胞」的結合後，在母體內不斷分裂成爲胚胎，經過了將近三十八到四十二週的時間，逐步完成發育，然後離開母體生了下來，從新生兒、嬰兒、幼兒、少年、青年逐漸成長，同時法律亦隨之導引，此觀民法第十三條自明：「未滿七歲之未成年人，無行爲能力。滿七歲以上之未成年人，有限制行爲能力。未成年人已結婚者，有行爲能力。」到達身心協調、體格強健的壯年，在人世間經歷各種磨練幾十年，過了中年，氣血逐漸虛弱、筋骨逐漸老化，最後自然走到軀體死亡的時刻，這段時光，就是所謂「人生」，因此在短暫的人生當中我們只有使用權而已！

孔子說過「吾三十而立，四十而不惑，五十而知天命，六十而耳順，七十從心所欲不逾矩」；其實生命無所謂成熟與否，

端視要不要去學習，而這種讓自己更獨立自主的能力，就是「人生的價值觀」。如果要瞭解生命應該多從幾個角度來看待生命，只要我們用心觀察，幾乎沒有一個人不會對生命的豐富面相感到好奇和讚嘆，即使是科學家也一樣覺得非常神奇且不可思議！所以與其讓生命無影無蹤的逝去，還不如在有形的時空中把握人生一切的因緣，成就屬於生命的智慧。

固然生命科學對一個細胞的組成或機能知道得相當詳細，可是這些還是在「有限」的物質上的線索，我們仍然無法拼湊出完整的生命知識，就如同今日基因的研究一般，尤其是在一個活生生的人突然往生以後，一切生命的音訊突然都斷絕了，讓人開始對生命開始產生疑惑與不解，到底「人生」還有沒有其他的未來延續形式，於是在瞭解並探究生命的拼圖中所缺少的這一塊後，我們才能真正體悟到人「一生」（whole life）的完整性，否則都只是不完整的片段記憶而已。

當知生命起源的的難處後，就該知道如何珍惜生命，因為人生的成就來自如何學習本身對於技藝與學問的衡量與判斷；但是新聞一再報導自殺事件的同時，往往會形成社會不定時的炸彈。探究自殺的形成原因相當地複雜，這其中涉及到生理（遺傳傾向）、心理、文化、家庭、社會、宗教、哲學及環境等多重因素導致暫時或長期的情緒、智能或行為的失常均包括在內，而根據精神醫學研究報告，自殺的人70％有憂鬱症（憂鬱症的發生往往是認知上錯誤的覺知或解釋外界的刺激，或在思考上有不合邏輯的推論形式，而令一個人形成負向的心靈感受、較低自尊、害怕恐懼，甚至形成罪惡感或無助感時，最後便可能造成這種症狀），才會產生自殺的衝動或念頭，當一個人以自己的意願與手段結束自己的生命時，是否曾想過生命是可貴的，或者思考：「身體髮

膚、受之父母、不敢損傷、孝之始也」。

　　世間萬物只要一息尚存，幾乎都會努力地想延續其生命──不妨看看「春蠶到死絲方盡」的大自然，別讓生命在你我的周遭產生驚嘆號。其實「苦」直接寫在「臉上」，總比寫在「心上」要好得多，因爲唯有眞正認識生命，才能卸下心中的徬徨與怨懟，生命若無經歷撕裂開來的折磨，如何能將虛妄拋開？如何能撫平情緒起伏？所以筆者認爲只有在面臨死亡衝擊或者是身軀痛苦折磨時，才能擁有自我觀照並予以超越的潛能，但是自殺卻不能，因爲自殺只有自以爲是的愚執與逃避自我而已！

　　法律規定之內容非僅屬授予國家機關推行公共事務之權限，而其眞正地目的係爲保護人民生命、身體、自由及財產等法益的完整不被任何不法的侵犯。所以當我們在談到前述「胎兒」時，民法第七條例外規定：「胎兒以將來非死產者爲限，關於其權利的保護視爲已出生」，也就是遺腹子還未出生，即可與其他人一起繼承遺產。另外，在刑法上亦認爲胎兒還不是人，予以殺害，是犯「墮胎罪」。

　　因此就不得不討論刑法「墮胎罪」所保護之客體固爲在婦女體內成長之胎兒，該婦女依「優生保健法」第九條所得施行之人工流產，僅屬於刑法墮胎罪之阻確違法事由。但民法上侵權行爲之被害客體爲權利或利益，只要係權利或利益，即得爲侵權行爲之被害客體，此與刑法墮胎罪之保護客體爲何，及其阻確違法事由是否存在，實屬二事。婦女已妊娠，於具備「優生保健法」第十一條第二項所定：「懷孕婦女施行產前檢查，醫師如發現有胎兒不正常者，應將實情告知本人或其配偶；認爲有施行人工流產之必要時，應勸其施行人工流產。」

　　而「醫師發現有胎兒不正常」時法律規定此一要件，一方面

即課醫師以「應將實情告知懷孕婦女本人或其配偶，認為有施行人工流產之必要時，應勸其施行人工流產」之義務，於此情形，就另一方面而言，應是給予婦女選擇之權利（自由），即婦女對其體內未成獨立生命，又患有法規所賦予婦女得中止妊娠之先天性疾病之不健康胎兒，有選擇除去之權利，倘因醫院及相關人員之疏忽，未發現已符合此一情況之事實，並及時告知懷胎婦女，使其依優生保健法第九條第一項，自願施行人工流產，致婦女繼續妊娠，最後生下不正常嬰兒，自屬侵害婦女對本身得決定施行人工流產之權利[1]。

出生的嬰兒即可依法繼承遺產，或為民法債篇有關買賣、租賃等之主體，亦可登記土地、房屋，而且從父母姓，開始有本名，同時戶籍法並規定，出生後父母或其他適當的人必須為其申請出生登記，若無故未辦登記時，可以依法處以罰鍰。而在刑法上，因為已是「人」，若有任何「殺害行為」，除生母於生產時或甫生產後，殺其子女構成「殺嬰罪」外，一律觸犯「殺人罪」。

第二節　人生省思

電影「明天過後」那幕暴冰雪襲擊北美災難的場景令人怵目驚心，而中國大陸之北京也出現五十年來歷史的最低溫紀錄，不禁讓人們擔心人類向大氣大量排放二氧化碳導致全球氣溫升高，而全球氣候變暖將導致一系列自然災害的發生，或許電影情節真的會出現在真實世界當中。

同樣地今日社會一些實際案例中「加害者無罪；受害者受罪」的判決一再上演，已經引起絕大部分受害者對司法判決的強烈質

疑，舉例來說：有陌生人未經允許擅自進入他人的家中，即便有任何理由都應屬刑法之「侵入住宅罪」，但法院卻無視此一事實的存在，此點身為法律人的吾輩不得不提出一些淺見看法提供參考！

首先為何我們的司法正義常與社會正義脫節呢？難道司法正義之維護無法適時配合時代的脈動，而一再形成盲點嗎？同時當預立遺囑希望死後留精的一些人來說（不但要透過派出所和地檢署驗屍，確定不是他殺，還要再行文到衛生署，才可以確定取精），而這些狀況難道一定要等待著國內人工受孕法草案的通過嗎？這些接二連三的死後取精請求，難道只是成為突然失去親人的安慰劑嗎？

美國著名的學者約翰‧何姆斯（John Holmes）指出，「欲瞭解一切事物，首先必須瞭解其界限」，首先必須知道法律是由人來適用，所以可以「左右逢源」的得到不同的結果；因此欲瞭解法律究竟是什麼，就必須釐清「法律」與「道德」之間的界線，不可混淆。依據何姆斯的看法，法律與道德觀念發生混淆時，將導致道德理論產生「將馬車倒置於馬首」的錯誤傾向，從而錯認「權利」與「義務」間的實體概念，為了避免此種混淆，何姆斯認為唯有從「惡人的觀點」去理解法律才能解決這個困境，他說：「法律是道德生活的累積與見證，整個法律的歷史，就是一部人類的道德發展史」，但是何姆斯警告說：「法律中充滿著自道德借用來的用語，倘若吾人心中對於『法律』與『道德』，並無一明白的區辨標準，則很容易由此一領域跨入另一領域而不自知。」這樣是十分危險的！

就好像刑法第十九條規定：「行為時因精神障礙或其他心智缺陷，致不能辨識其行為違法或欠缺依其辨識而行為之能力者，

不罰。」而此一「心神喪失」之情狀，有一時性之心神喪失、繼續性之心神喪失及循環性（即週期性）之心神喪失，三種情形均屬之。而刑法上所謂心神喪失人，非以其心神喪失狀態毫無間斷為必要，如果行為時確在心神喪失之中，即令在事前或事後偶回常態，仍不得謂非心神喪失之人。

固然說司法判決不能完全符合受害者原本的期待，但是法界「自由心證」的基礎仍然應該跳脫法條本身的圈圈，依法「彈性解釋」及「實事求是」的詳加調查事實真相，深入探究而分別適用於各種不同的情況，如此方能合乎社會所需求的規範民情（否則自由心證無疑是封箱作業），或許現今一般人會以美國辛浦森殺妻案所展現司法的公信力，並未被美國社會所批判而質疑國內的司法威信，但是這是兩種截然不同法制下所產生的信賴問題，而前者是經由陪審團所作的裁決（亦即民意的決定），所以美國司法才未被民眾質疑，而亦是我司法判決常遭社會抗議的原因所在。

雖然說一般民眾的思想可能有其「片面」或「非理性」的邏輯思考模式，再加上其對法律的認知可能有所誤解，或自我缺乏法律常識而造成的自我錯誤，但這並不能作為法界的護身符，否則恐怕會自陷於偏頗的自我循環論斷之中，畢竟過去檢察官的起訴，只要有合理的懷疑（無需證據確鑿無誤）即可逕行起訴，而現在法官必須站在第三者立場去認真聽訟才能真正健全司法體制！

另外如何有效地透過司法監督（公家研考及民間監督），以徹底杜絕枉法犯紀的現象發生。譬如一邊開庭一邊吃麥當勞、不當指責、無端拒絕調查證據、普通案件確一庭終結、無視律師存在的不准其履行職責、將未經判決的當事人罰站一兩小時或稱你那麼老了還開什麼庭等等不尊重的怪異現象發生，以免自貶身分或

成司法的笑柄而讓人引以爲憾。

　　的確，就算您認爲今日司法眞正無法伸張正義，但也不能像某些選舉時任意指責司法的無公信，因爲只要社會仍然是民主法治的國家，那麼只要透過事前防範，事後詳細蒐證及從容地依法應對，任何人都不能「說黑爲白，顚倒是非」。

　　因爲法律無法自行分辨是非對錯，所以任何訴訟便只能論輸贏！這些正如英國法學家丹尼斯・羅依德（Lloyd Denis）所謂：「法律當然有其必要的尊嚴；法律和道德自亦當然有其無法重疊之處，然而不容否認的是，法律與道德間必然存在無法割裂的複雜關連性，因此法律的正當與權威性，則無法避免的必須建立在社會習知的道德規範之上，否則當法律過度背離道德的認知，進而違反一般人心對公義的期待時，那麼法律無可避免的將被質疑！」

　　畢竟人生充斥著如海般的波濤，雖然我們緊緊抓住生命的浮木，但依然不得不隨波任意浮沉，因此我們應該瞭解人生因緣際會的不可思議，以及生命無法預約的道理是相同地。因爲即使自認爲過著最平凡安穩生活的人，亦無法避免生命因緣中聚散無常與世事多變呀！

　　或許不知道別人的生活怎樣，但是如何從生活鬱結中去解套而不要自陷憂鬱當中，這彷彿是人生當中的一葉逆行孤舟努力掙扎上岸的原始動力，而這些都要靠自己加以導正方向與尋求外在助力，如此才能知道該如何跟得上自己無悔的人生旅程。

　　同樣的問題如發生在一般日常生活當中，對於一些社會事件，也必須要有所瞭解，才能避免事後問題發生時，因臨時抱不到佛腳，進而埋怨司法不公、社會無義的遺憾產生。關於這些問題不妨參閱《法律與生活》。因此本文特別將有關銜接生死的重要關鍵透過點、線及面加以串聯，從生、婚、老、病及死等五個面

向來發展說明，一併在此提出供讀者在面對時的實際備忘參考。

　　當人在面臨生命的轉折時，該如何妥善的因應這些變故，的確是一門頗值得重視的學問，尤其當一個女人因愛的結晶昇華而用身體孕育下一代時，所可能產生的一些意外精神〔產後精神病（postpartum psychosis），發生率千分之一，再發率為三分之一；產後抑鬱症（baby blues），發生率50％至80％；產婦憂鬱（postpartum depression），發生率10％至15％，再發率為50％，產後精神病和產後憂鬱症比起來，產後精神病可就更嚴重〕或身體上的煎熬，往往是生死僅一線牽的重要關鍵時刻，此時如何從絕望中解除心中的鬱結（美貌蛻變或者身體疾病而導致的絕望）。

　　這對已經息影的胡茵夢的生產經歷來說，便有著極為深刻的體悟與詮釋，所以她開始面對自我靈修的試鍊，同時亦不妨讓自身生活探索的觸腳進入內心執著中去覺察，然後嘗試放下身外一切執著，如此之後她方領悟到一顆接納與寬恕的真心，這樣她才能真正放下想要改善、修正的真實意念；如此即使是身懷病痛，仍然能夠以愉悅的心情面對，並進而掌握生命的真正期待是「延續而非死亡」，當然這時候相關家人的瞭解與支持；以及心理復原治療都是相當重要且不可缺的因素[2]。

　　另外像濃眉大眼、天生模特兒身材的美國明星布魯克·雪德絲（Brooke Shields），她健康的外形，曾帶來八〇年代一場美麗的革命。但與美國電視劇編劇和製片人克立斯亨奇（Chris Henchy）結婚生下女兒後，就患上產後抑鬱症，經常無故哭泣，後經勸告求助專業人士後推出新書《下雨了》（*Down Came the Rain*），以動人的筆調描述自己當時身心的掙扎及如何成功克服困難的經歷。藉助名人效應，媒體亦幫助呼籲社會關注產後抑鬱症——這一在婦女產後普遍但卻常常被誤判或忽略的問題。

今日社會環境經常有脫序的現象發生，舉凡如社會問題：暴力、犯罪、毒品、離婚、經濟、政治、失業等，以及個別情況的家庭問題，如婚變、失落、遷移、失業、身體疾病、其他自殺事件的影響與暗示等，都是影響自殺的成因。同時根據研究顯示任何單一因素都不是自殺之充分條件，只有當它和其他重要因素合併時才會發生。爲恭紀念醫院吳四維醫師指出：「青少年自殺於近四十年來有逐步攀升的趨勢，目前排名在青少年十大死因的第三位，這些通常發生在人際關係及功課上的壓力，進而造成不快樂、無望、憤怒、挫折的情形下，所以並不像成年人般多半在憂鬱的情形下自殺；這些青少年仍有二成左右原本就有精神疾病。至於青少年與成人自殺所不同的地方，因第一、青少年在自殺死亡與自殺意念或自殺企圖比例明顯比成人低。第二、早期處理自殺青少年可以減少再度自殺的機會，也明顯比成人好。」所以法律在刑法第二七五條明白規定：「教唆或幫助他人使之自殺，或受其囑託或得其承諾而殺之者，處一年以上七年以下有期徒刑。」

其次談到傷害別人，當新聞一再報導酒醉駕車肇事的時候，我們不禁要問爲何如此不尊重他人的生命呢？因而法律在刑法第八十九條規定：「因酗酒而犯罪，足認其已酗酒成癮並有再犯之虞者，於刑之執行前，令入相當處所，施以禁戒」外，更在同法第一八五條之三規定：「服用毒品、麻醉藥品、酒類或其他相類之物，不能安全駕駛動力交通工具而駕駛者，處一年以下有期徒刑、拘役或三萬元以下罰金。」

譬如駕車肇事致人死傷而逃逸罪，係以行爲人對於事故之發生非出於故意爲要件，而此罪之行爲人，其逃逸之目的在規避肇事責任，本質上難認其另犯殺人罪，但倘若行爲人係基於殺人犯意，於被害人受傷後，駕駛其小客車倒車，再加速向前猛力衝撞

被害人，將卡在其小客車底盤下之被害人一路拖行，再先後多次以倒車後再向前衝之方式，擠壓、磨擦、推拉、拖行被害人，於被害人脫離車子底盤後，行為人始駕車逃逸而去時，後者的情況與前者就大不相同了！

同時近年來青少年結夥犯罪十分的猖獗，由於血氣方剛加上人數眾多的慫恿下，很容易觸犯法紀，筆者就曾經碰過一群年輕人因為一起唱卡拉OK後，與另一批人互看不對眼而大打出手，其中有人持機車大鎖打死了人，結果牽連到全體必須背負終生罪名的狀況，因為其中涉及共犯結構的形成，這中間包含實際參與者、在場助勢及事先參與謀劃、幫助（在此指刑法第三十條：「幫助他人實行犯罪行為者，為幫助犯。雖他人不知幫助之情者，亦同。」）、教唆（在此指刑法第二十九條：「教唆他人使之實行犯罪行為者，為教唆犯。」）等一同闖禍者，皆有可能和其他相關人士一起造成複雜難解的問題，這亦是必須注意的青少年「人生轉變」！

譬如說參加毆打之人，事前又與其他共犯同往尋罵，則其同時在場下手，即不能謂無犯意之聯絡，無論加害時用手用棍，其因共同加害發生致人於死之結果，自應負共同正犯的罪責（教唆犯係指僅有教唆行為者而言，如於實施犯罪行為之際，當場有所指揮，且就其犯罪實施之方法，以及實施之順序，有所計畫以促成犯罪之實現者，則其擔任計畫行為之人，與加工於犯罪之實施初無異致，即應認為共同正犯，而不能以教唆犯論。又如在正犯實施前曾參加計畫，其後復參加構成犯罪事實之一部者，即屬分擔實施之犯罪行為，亦應認為共同正犯，而不能以幫助犯論[3]。）

至於殺人罪由法律上來論述其觀點，可以清楚的分辨其判斷的基準：

第一、殺人罪之成立，須於實施殺害時，即具有使其喪失生命之故意，倘缺乏此種故意，僅在使其成為重傷，而結果致重傷者，只與使人受重傷之規定相當，要難遽以殺人未遂論處[4]。

第二、殺人未遂罪之成立，以有戕害他人生命之故意，著手於刺殺之實行而未發生死亡之結果為要件，原判決對於上訴人用刀刺殺被害人之行為，如何具有殺死之故意，並無說明，顯然於證據上即有理由不備之情形[5]。

第三、殺人後意圖湮滅罪證，將屍體損壞或遺棄，例如殺人後用火焚燬屍體，以圖滅跡，或將屍體棄諸於河，使之沖流他處，則其損壞、遺棄屍體均屬殺人所生之結果，應依牽連犯之例，從其一重處斷。

最後來談談言論自由，「言論自由」為人民基本權利的一種（因為言論來自思想，如果能夠加以禁止，那頭腦就不要使用也無須表達），我國憲法第十一條有明文保障，因而國家應給予最大限度之維護，俾其實現自我、溝通意見、追求真理及監督各種政治或社會活動之功能得以發揮；1791年，美國國會通過的憲法修正案第一條規定：「國會不得制定法律剝奪言論自由或出版自由」即為適例。

惟為兼顧對個人名譽、隱私及公共利益之保護，法律尚非不得對言論自由依其傳播方式為合理之限制；此觀之刑法第三百一十條第一項及第二項「誹謗罪」即係保護個人法益而設，為防止妨礙他人之自由權利所必要，符合憲法第二十三條規定之意旨。至刑法同條第三項前段以對誹謗之事，為維持言論自由的適度活動空間，於言論人所為之事實陳述係真實且與公共利益相關時，基於此際言論自由之保護應優先於人格名譽維護之價值權衡，此立法者特立有刑法同條第三項前段之設計，亦即如能證明其為真

實者明訂不罰之條文，係針對言論內容與事實相符者之保障，並藉以限定刑罰權之範圍，非謂指摘或傳述誹謗事項之行為人，必須自行證明其言論內容確屬真實，始能免於刑責。惟行為人雖不能證明言論內容為真實，但依其所提證據資料，認為行為人有相當理由確信其為真實者，即不能以誹謗罪之刑責相繩，亦不得以此項規定而免除檢察官或自訴人於訴訟程序中，依法應負行為人故意毀損他人名譽之舉證責任[6]。因此學習過法律常識的現代人，應該明白台灣選舉的惡質文化，自行釐清法律、政治及道德之間的分野，並依此投票決定台灣未來的方向。

另外關於法律適用上的問題則舉以下實例供參考：按「兒童及少年福利法已於2003年5月28日制定公布，並於同年月30日生效」，而其第七十條第一項前段規定：成年人教唆、幫助或利用兒童及少年犯罪或與之共同實施犯罪或故意對其犯罪者，加重其刑至二分之一。此項規定係為少年事件處理法（公布時間為1962年1月31日；2005年5月18日修正）第八十五條第一項之特別規定，因而依「後法」優於「前法」，「特別法」優於「普通法」之法律適用原則，自應優先於少年事件處理法適用[7]。

第三節　生命軌跡──親系及親等

漢朝時以「滴血認親」方式，將雙方之血液直接滴於碗中，觀察血液凝結現象，以判斷是否有血緣關係，雖就現代分子生物觀點來看是不科學的，但也可從其中瞭解到血緣一直是我們文化當中不可任意搖撼的根本，因此透過「宗姚繼承」的傳統觀念，讓屬於同一家族的血脈得以「薪火相傳」，如果從積極的思考面來

看待這件事情，則是學習到樂觀的真義，如此才能不會因現實的扭曲，而迷惑應該屬於人生真正的意義。

就像海基會董事長辜老的事件，透過血緣鑑定（親子鑑定），採集受檢者身上如血液、口腔黏膜或頭髮等檢體（the check bodies such as blood, the mouth cavity mucosa or hair etc.），然後分析比對檢體細胞DNA特性，以便檢查兩個人之間基因的共同性，計算出血緣關係的機率，血緣鑑定（親子鑑定）報告的準確性高達99％以上就可澄清許多紛爭，因為這是一種高度精密的專業技術，不只能確實鑑別親子及祖孫等直系血親的關係，甚至兄弟姊妹以及叔姪等關係的鑑別也能做到正確無誤。

生活當中，若讓親情中一些細小的鬱結，在無聲無影中吞噬侵蝕這個維繫的支柱，那千瘡百孔的情份，就會只剩下永遠的疏離與怨恨，凡事抱持「雲過風清」及「惜緣惜福」的胸襟，才能真正讓生命恆久維繫呀！

所以本文將在第四章中談論繼承權益之前，先在此處建立每個人正確的自我心態外，更將清楚的釐清這中間所牽涉到的親系及親等之法律與倫理的基礎關係（圖1-1），因為此一關鍵是決定未來誰有權在「奉祀香煙」之同時，也能享有祖上庇蔭而承繼遺產的重要法律依據。

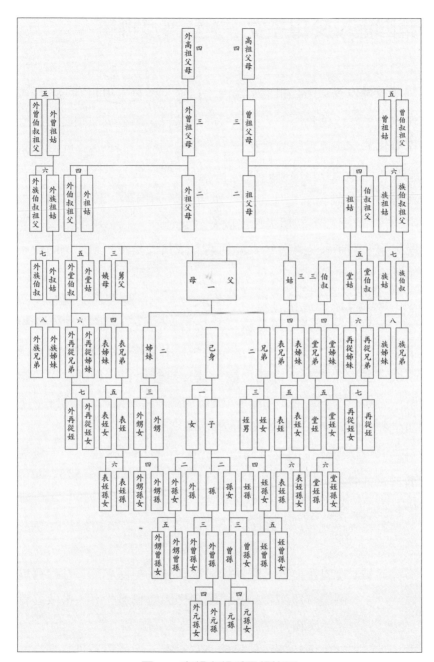

圖1-1　血親之親系及親等圖

第四節　父母子女──監護及撫養

　　父母以愛為中心思考，發展出保護、培養、規劃未來的行為模式；子女以愛為中心思考，發展出尊敬、感激、回報之心的行為模式。當然更重要的是父母子女間的關係，依法是不能登報斷絕的，這點在今日法制的社會中，必須要有此基本的概念。筆者在網路上看到卓以定先生一段蠻有意思的論調，特予以摘錄：「二十一世紀父母的超級任務就是教養子女，包括兩個重要的階段：第一個階段是教導子女如何建立成長的基礎，第二個階段是領導子女如何成熟獨立。」

　　按照美國的法律，出生在美國的人，自動獲得美國公民身分；但是依照我國之國籍法（2005年6月15日修正）第二條規定：「出生在台灣的小孩，必須是：1.出生時父或母為中華民國國民。2.出生於父或母死亡後，其父或母死亡時為中華民國國民。3.出生於中華民國領域內，父母均無可考，或均無國籍者。4.歸化者。」因此必須加以區別清楚。

　　同時依照入出國及移民法（2003年2月6日修正）第十條規定：「台灣地區無戶籍國民有下列情形之一者，得申請在台灣地區定居：

　　一、凡是具有以下條件：

　　　　1.有直系血親、配偶、兄弟姊妹或配偶之父母在台灣地區設有戶籍者。其親屬關係因收養發生者，被收養者年齡應在十歲以下，並以一人為限。
　　　　2.參加僑社工作，對僑務有貢獻，經僑務委員會會商外

交部及其他有關機關確認，出具證明者。

3.在台灣地區有一定金額以上之投資，經中央目的事業主管機關核准或備查者。

4.曾申請在台灣地區居留之第八款僑生畢業後，返回僑居地服務滿二年者。

5.具有特殊技術及經驗，經中央目的事業主管機關延聘回國者。

6.前款以外，經政府機關或公私立大專院校任用或聘僱者。

7.經中央勞工主管機關或目的事業主管機關許可在台灣地區從事就業服務法第四十三條第一項第一款至第六款或第九款工作者。

之申請人及其隨同申請之配偶及未成年子女，經許可居留，在台灣地區連續居留或居留滿一定期間，仍具備原居留條件者。

二、現任中央公職人員，持我國護照或入境證入國者。

三、在國外出生，未滿十二歲，持我國護照或入境證入國，出生時其父或母原在台灣地區設有戶籍者。

四、在國外出生，未滿十二歲，持外國護照入國，出生時其父母原在台灣地區均設有戶籍或非婚生子女出生時母原在台灣地區設有戶籍者。

在國內取得國籍者，連續居留滿一定期間，得申請在台灣地區定居。」

所以子女獲知其血統來源，確定其真實父子身分關係，攸關子女之人格權，應受憲法保障。至於民法第一〇六三條規定：

「妻之受胎，係在婚姻關係存續中者，推定其所生子女為婚生子女。前項推定，如夫妻之一方能證明妻非自夫受胎者，得提起否認之訴。但應於知悉子女出生之日起，一年內為之。」係為兼顧身分安定及子女利益而設，惟其得提起否認之訴者僅限於夫妻之一方，子女本身則無獨立提起否認之訴之資格，且未顧及子女得獨立提起該否認之訴時應有之合理期間及起算日，是上開規定使子女之訴訟權受到不當限制，而不足以維護其人格權益，在此範圍內與憲法保障人格權及訴訟權之意旨不符而應加以修正[8]。

父母子女關係本質即為親權，而監護乃親權之作用，所以實務上無使「監護」與「親權」分立之必要。

子女

在此必須提到所謂「婚生子女」者，是指婚姻關係中受胎（按「從子女出生日回溯第一百八十一日起至第三百○二日止為受胎期間」。「妻之受胎，係在婚姻關係存續中者，推定其所生子女為婚生子女。前項推定，如夫妻之一方能證明妻非自夫受胎者，得提起否認之訴。但應於知悉子女出生之日起，一年內為之」，民法第一○二條第一項、第一○六三條分別定有明文。即依大法官會議解釋子女亦得以法律推定之生父為被告，提起否認生父之訴）而生的子女，妻之受胎係在婚姻關係存續中者，夫縱在受胎期間內未與其妻同居，妻所生子女依民法第一○六三條第一項規定，亦推定為夫之婚生子女；所以均會受到法律完全的保障，此時父母對「婚生子女」必須有教養的義務。

另查民法第一○六二條規定：「從子女出生日回溯第一百八十一起至第三百○二日止，為受胎期間。能證明受胎回溯在前項第三百○二日以前者，以其期間為受胎期間。」又同法第一○

六三條規定：「妻之受胎，係在婚姻關係存續中者，推定其所生子女爲婚生子女。前項推定，如夫妻之一方能證明妻非自夫受胎者，得提起否認之訴。但應於知悉子女出生之日起，一年內爲之。」依上開規定國人與非本國籍（含大陸地區）女子結婚，其子女出生於父母結婚之前或推算其生母之受胎期間未在婚姻關係存續中者，其申辦出生登記，應提憑生母之單身證明文件辦理[9]。

但如果只是「非婚生子女」，除了與其生母的關係無庸確認（因有分娩事實，視爲婚生子女外）。非婚生子女與其生父的關係，必須透過認領或自幼撫育的事實，始能確立是否婚生的關係。茲就婚生子女外的法律規定說明如次：

一、非婚生子女的認領

認領者，有生父任意承認非婚生子女（私生子；illegitimate child）爲其所生子女的任意認領；與對不認領的生父，向法院請求確認父子關係存在的強制認領（參民法第一○六七條）。如未婚生子者，而爲確保私生子的法律地位，母親得證明孩子的血緣，請求生父認領。譬如倘依據父親之親筆信函，足以認定父親早已有預付非婚生子女出生後撫育費用之事實，則自非不可視爲認領。非婚生子女除經生父認領或視同認領外，與其生父在法律上不生父子關係，不得提起確認父子關係成立之訴。經生父撫育或認領之「非婚生子女」，因繼承而承受之權利及義務，亦與婚生子女同，不以該子女係從父姓抑從母姓而生差異。另外民法第一○六七條第一項第一款所謂同居，以男女雙宿同眠爲已足，無須同住一處，此就同條項第三、四款規定比照觀之自明。一方於另一方受胎期間，既與另一方發生數次姦情，則縱兩造並未在同一居所或住所共同居住，亦未嘗不可據以訴請認領。

二、收養子女

　　收養者，當事人間須有收養的合意，以書面為之，並經法院認可的行為。收養者的年齡應長於被收養者二十歲以上，否則收養無效（參民法第一〇七九條）。養父母對於未成年養子女，不僅有保護及教養之權利抑且有此義務。結婚與收養子女同為發生身分關係之行為，關於結婚無效及撤銷違法結婚之規定，在收養無效及撤銷違法收養時，亦有同一之法律理由，自應類推適用，故收養八親等以內之旁系血親為養子女，而輩分不相當（包括輩分相同）者，於結婚依民法第九八三條第一項第二款，及第九八八條第二款之規定，既應認為無效，則此種違反倫理觀念之收養，自亦無效力之可言。茲將養父母與子女間的法律規定臚列於次：

1. 養父母的年齡應較養子女長二十歲以上。
2. 有配偶者，收養子女時，應與其配偶共同為之。
3. 一人不得同時為二人之養子女。
4. 有配偶者被收養時，應得其配偶之同意。
5. 養子女與養父母的關係，除遺產繼承為婚生子女的一半外，其餘與婚生子女相同。
6. 養子女從養父母之姓。
7. 除自幼撫養外，收養子女應以書面為之。
8. 養父母、養子女的原有親屬關係、輩分須相當。
9. 未成年人須得本生父母或其他法定代理人的同意。包含原有監護關係者。
10. 收養關係得因故撤銷或終止。

另外依據兒童及少年福利法第十四條規定，法院認可兒童及少年收養事件，應基於兒童及少年之最佳利益，斟酌收養人之人格、經濟能力、家庭狀況及以往照顧或監護其他兒童及少年之紀錄決定之。滿七歲之兒童及少年被收養時，兒童及少年之意願應受尊重。兒童及少年不同意時，非確信認可被收養，乃符合其最佳利益，法院應不予認可。

1. 法院認可兒童及少年之收養前，得准收養人與兒童及少年先行共同生活一段期間，供法院決定認可之參考；共同生活期間，對於兒童及少年權利義務之行使或負擔，由收養人為之。

2. 法院認可兒童及少年之收養前，應命主管機關或兒童及少年福利機構進行訪視，提出調查報告及建議。收養人或收養事件之利害關係人亦得提出相關資料或證據，供法院斟酌。前項主管機關或兒童及少年福利機構進行前項訪視，應調查出養之必要性，並給予必要之協助。其無出養之必要者，應建議法院不為收養之認可。法院對被遺棄兒童及少年為收養認可前，應命主管機關調查其身分資料。父母對於兒童及少年出養之意見不一致，或一方所在不明時，父母之一方仍可向法院聲請認可。經法院調查認為收養乃符合兒童及少年之最佳利益時，應予認可。

　　法院認可或駁回兒童及少年收養之聲請時，應以書面通知主管機關，主管機關應為必要之訪視或其他處置，並作成報告。

　　有關認可收養子女的事項，係屬非訟事件，其在台灣地區收養者，須依非訟事件法、民法、兒童及少年福利法的有關規定辦

理：如欲收養大陸地區子女，則除上述法律外，尚須依照台灣地區與大陸地區人民關係條例（以下簡稱兩岸人民關係條例）的有關規定辦理。

監護

　　所謂父母之一方不能行使對於未成年子女之權利，兼指法律上不能（例如受停止親權之宣告）及事實上之不能（例如在監受長期徒刑之執行、精神錯亂、重病、生死不明等）而言。至於行使有困難（例如自己上班工作無暇管教，子女尚幼須僱請傭人照顧等），則非所謂不能行使。依民法第一〇五五條規定夫妻離婚，對於未成年子女權利義務之行使或負擔依協議，未為協議或協議不成者，由法院依職權酌定之。

　　實務上在斟酌子女年紀尚小時，其一切語言、行為均在摸索學習階段，在此時期，對母親之依賴，恆較一般人為多，而母性對幼兒之行為與學習機能上，亦較男性適合給予適當之照顧及妥善之扶持。因而在考量其經濟能力足以提供該子女安全之環境，且監護權之歸屬應以子女利益為衡量標準，且父母子女之親情，究非祖孫之情可得替代。

　　父母離婚後歸他方監護之子女與另一方不會斷絕父母子女關係。父母與子女間，因為懷胎、出生而發生法律上的血親關係，而離婚只是夫與妻間配偶關係的消滅，至於子女與父母因本於天然血統而發生的關係不會受到任何影響。

　　父母雙亡時，依民法第一〇九四條第一項順序定監護人，即第一順位為與「未成年人」同居之祖父母、第二順位為「與未成年人」同居之兄姊，和第三順位為「不與未成年人」同居之祖父

母。

　　裁判離婚子女之監護，依民法第一〇五五之一條法院爲前條裁判時，應依子女之最佳利益，審酌一切情狀，參考社工人員之訪視報告，尤應注意下列事項：

1. 子女之年齡、性別、人數及健康情形。
2. 子女之意願及人格發展之需要。
3. 父母之年齡、職業、品行、健康情形、經濟能力及生活狀況。
4. 父母保護教養子女之意願及態度。
5. 父母子女間或未成年子女與其他共同生活之人間之感情狀況。

　　對於未成年人之監護關係，因受監護人已達成年或已結婚而終了，監護關係一旦終了，監護人應將所管理之財產交出 （參照民法第一一〇七條） ，親屬會議就受監護人之財產管理方法所爲決議，亦無再拘束已成年人之效力[10]。

　　譬如監護人就其保管受監護人之款項，既有非爲受監護人之利益而擅自使用及處分之情形，自難認其對受監護人有關愛、保護及照顧之心態，且金額高達近百萬元左右，應已符合對受監護人有疏於保護、照顧情節嚴重之情事，其監護權即應予以停止。同時若因兩造於受監護人之父母去世時，均未與受監護人同住，依民法第一〇九四條第三款規定，同爲其監護人。該受監護人之財產依民法第一一〇〇條前段規定，應由兩造共同管理，並於其中一方之監護權遭停止時，當然由他造單方續行其監護權，而無另行選任或指定監護人之必要。

撫養

　　未成年子女依民法第一一一四條第一款規定請求父母給付扶養費者，固限於不能維持生活而無謀生能力之子女，自應由子女為請求權人，且應以訴訟方式為之。因為父母對其未成年子女之扶養義務，係基於父母子女之身分而來。所以父母對於未成年子女之扶養義務，不因結婚經撤銷或離婚而受影響。其扶養程度應按受扶養權利者之需要與負扶養義務者之經濟能力及身分定之。此觀之民法第一一一六條之二、第一一一九條自明。

　　扶養之程度，應按受扶養權利者之需要，與負扶養義務者之經濟能力及身分定之。故扶養費數額之多寡，亦應依此情形而為適當之酌定，不得僅以某一固定年度綜合所得稅扶養親屬之寬減額或免稅額為其唯一之標準定之。

　　台灣人口老化的情形越來越嚴重，因此許多老人問題也因而產生。一般來講，會把家中老人送往安養機構的家庭大概有幾種情況：

1. 覺得安養院有許多年齡相近的人可作伴，老人較不會無聊。
2. 老人有身體上的病痛，家人無法長時間的照顧。
3. 老人和家人間相處不來等。

　　時常聽見子女惡意遺棄年邁父母的事件，而法律在這方面，依據老人福利法（2002年6月26日修正）對老人（該法第二條明訂為年滿六十五歲以上之人）安養方面有清楚的規定，該法第四章第二十五條規定：「老人直系血親卑親屬對其有疏於照料、虐待、遺棄等情事致其有生命、身體、健康或自由之危難，直轄

市、縣（市）主管機關及老人福利機構得依職權並徵得老人同意或依老人之申請，予以適當短期保護與安置。老人如欲對其直系血親卑親屬提出告訴時，主管機關應協助之。前項老人短期保護及安置所需之費用，直轄市、縣（市）主管機關及老人福利機構得檢具費用單據影本及計算書，通知老人直系血親卑親屬限期繳納；屆期不繳納者，由直轄市、縣（市）主管機關老人福利經費先行代墊後，請求扶養義務人償還，並移送法院強制執行。」用以保障老人的權益，為人子女者千萬不要以為可以任意將年老父母丟在安養機構。

　　而且根據老人福利法第四章對老人的保護有三則條文：第二十五條老人直系血親卑親屬對其有疏於照料、虐待、遺棄等情事致其有生命、身體、健康或自由之危難，直轄市、縣（市）主管機關及老人福利機構得依職權並徵得老人同意或依老人之申請，予以適當短期保護與安置。老人如欲對其直系血親卑親屬提出告訴時，主管機關應協助之。

　　另外同法第二十六條為發揮老人保護功能，應以直轄市及縣（市）為單位，建立老人保護體系。第二十七條老人因無人扶養，致有生命、身體之危難或生活陷於困境者，直轄市、縣（市）主管機關應依職權並徵得老人同意或依老人之申請，予以適當安置。由以上條法清楚可知，子女是無法逃避自己奉養父母的責任，如果惡意遺棄，不但要付安養機構的費用，甚至被控告。因此，為人子女者千萬不要有僥倖的心態，對於照顧父母的責任，還是要盡心盡力做到。

　　當然刑法第二九四條第一項後段亦規定遺棄罪：「以負有扶助、養育或保護義務者，對於無自救力之人，不為其生存所必要之扶助、養育或保護為要件」。而所謂「生存所必要之扶助、養育

或保護」，係指義務人不履行其義務，於無自救力人之生存有危險者而言。是以最高法院1940年上字第三七七七號判例所稱：「若負有此項義務之人，不盡其義務，而事實上尚有他人為之養育或保護，對於該無自救力人之生命，並不發生危險者，即難成立該條之罪」，應以於該義務人不履行其義務之際，業已另有其他義務人為之扶助、養育或保護者為限，否則該義務人一旦不履行其義務，對於無自救力人之生存自有危險，仍無解於該罪責。

此時遺棄罪成立之構成條件是指：非必置被害人於寥闃無人之地，亦非必使被害人絕對無受第三者保護之希望；但有法律上扶養義務者，對於無自救力之人（專指無維持生活所必要之能力），而以遺棄之意思，不履行扶養義務時（此處是指為積極不為生存所必要之扶助、養育及保護；以及消極的不聞不問或不作任何必要協助），該罪即屬成立[11]。倘被害人仍可在外營生自給則與本條構成要件不符。例如嗣子對於所後之親（後母或繼父）、養子與養父母、祖父母、外祖父母等，其關係與對於直系尊親屬同，均屬本條規範之對象；至於子婦向與翁姑同住一家，雖具有家屬身分，但仍需視其扶養順序而言之。所以基本上前些時間報紙上所載，夫妻離異後，其女兒因必須在國外賺錢而將病弱老母獨自留於家中致死，則顯然已構成本法。

同時根據大陸婚姻法第二十一條規定：「父母對子女有撫養教育的義務；子女對父母有贍養扶助的義務。父母不履行撫養義務時，未成年的或不能獨立生活的子女，有要求父母付給撫養費的權利。子女不履行贍養義務時，無勞動能力的或生活困難的父母，有要求子女付給贍養費的權利。禁止溺嬰、棄嬰和其他殘害嬰兒的行為。」以及第二十八條規定：「有負擔能力的祖父母、外祖父母，對於父母已經死亡或父母無力撫養的未成年的孫子

女、外孫子女，有撫養的義務。有負擔能力的孫子女、外孫子女，對於子女已經死亡或子女無力贍養的祖父母、外祖父母，有贍養的義務。」第二十九條：「有負擔能力的兄、姐，對於父母已經死亡或父母無力撫養的未成年的弟、妹，有扶養的義務。由兄、姐扶養長大的有負擔能力的弟、妹，對於缺乏勞動能力又缺乏生活來源的兄、姐，有扶養的義務。」第三十條：「子女應當尊重父母的婚姻權利，不得干涉父母再婚以及婚後的生活。子女對父母的贍養義務，不因父母的婚姻關係變化而終止。」可做為台商在大陸時之參考。

註釋

1 參2003年台上一○五七號判決。

2 摘錄自拙著，《台灣生死書》（台北：聯經出版公司，1999年）。

3 參1956年台上字第四七三號判例。

4 參1959年台上第三十三號判例。

5 參1958年台上第一三六四號判例。

6 參大法官會議釋字第五○九號。

7 參2005年台上字第八五六號判決 。

8 參大法官會議釋字第五八七號。

9 依據內政部2004年9月3日台內戶字第○九三○○○九八三五號函。

10 參1969年台上一○七一號判例。

11 參1929年上字一四五七號、1932年上字第一一五九號。

第二章

人生修持
婚嫁習俗篇

當我們年少從自己的源起開始煩惱時，我們本身便已經陷入了最基礎的為何「男婚女嫁」的範疇當中，因為在傳統的觀念下，組成家庭和實行家族的繁衍早已經在無形中成為每一個人的人生大事，但是這種婚俗，卻存在著許許多多的人生經驗、禮儀、風俗及習慣的傳承，接下來本書將逐一解開其中的迷思與真實意義。因為人生總難免牽涉到「紅、白」兩事，而此二者也正掌握著從一種生命進入另一種生命階段的重要轉換隘口，它們也都是對於生命的一種自我認知的「信念」與「傳承」。

　　同樣有華人傳統的新加坡在英國統治及採行英文教育的影響下，一些屬於中國傳統的婚姻禮俗，已經逐漸消失。加上受到社會西化的影響，新加坡華人在結婚時，已經沒有「提親」，以及「小聘」和「大聘」之別，多數人就是以「過大禮」來取代下聘的習俗，也不再送喜餅，更不像台灣還存有「三件六禮」的風俗。

　　在迎親上，新加坡有著和香港較為類似的習俗，新人通常到命相館挑好良辰吉時後，新郎會帶著兄弟和男性親友到新娘家迎娶，但新娘則有眾家好姊妹在門口擋駕，新郎必須答覆相關問題，同時還要給紅包，在姊妹們滿意下，才會放行讓新郎入門迎娶新娘。

　　新娘的姊妹開口討紅包的數目，有時候相當驚人，通常以九為基數，取其「長長久久」之意，紅包金額從九十九新元（新台幣一千九百八十元）、九百九十九新元（新台幣一萬九千九百八十元），甚至到九千九百九十九新元（新台幣十九萬九千九百八十元）都有，但新郎帶來的兄弟可以向女方討價還價。

　　此外像潮州人還有一個特殊的習俗，那就是迎娶時新娘不能見到陽光，所以迎娶的時間常常是在清晨四、五時天還未亮時進行。新郎把新娘迎娶回到男方家中後，新人就要拜公婆、祭祖、

然後向男方的公婆及長輩敬茶，然後再回到娘家向女方家人敬茶，這點也和台灣的新娘是在嫁過去後，必須過兩、三天後才「歸寧」的風俗習慣不相同。

另外由於新加坡人結婚大多由新人自己負擔費用，結婚的儀式自然就以年輕人的意見為主，不像台灣大多數可能還由父母負擔費用，並且主導婚禮的儀式。由於新加坡政府規定，每對新人必須到結婚註冊局註冊結婚，法律才能承認這樁婚姻，加上許多新人都希望註冊後能夠排隊申請政府的組屋，然而因為等候組屋時間太長，且在這段期間沒有住在一起，雙方因為爭吵，最後經常就以未履行同居義務為由，聲請註銷兩人婚姻關係。

婚姻是一種責任，有「責任」便會失去「自由」，這是「一體兩面」地。想要結婚就不要傷害對方，不想傷害就必須放棄自由，這也像一些公眾人物如藝人、政治人物的私生活一樣，都會毫不保留地被攤在陽光下來檢視，因而凡事想清楚才能下決定走自己選擇的路。

第一節　婚姻的習俗

婚姻的產生也出於婚姻當事人的宗教文化心理，即締造建立家庭的婚禮關係，必須通過一定的儀式以取得神靈、祖靈的認可和保佑。在遠古社會，萬物有靈觀念對人們思想影響極大。做任何事情都得祈禱神靈，以取得他們的保佑降福。由此我們可以理解到為何古代婚禮的「三書」及「六禮」中每一程序都要以「敬拜」和「請示」祖先為基本禮儀，因而延續至今還把拜堂（祖靈）、拜天地仍作為婚禮中不可或缺的一種習俗！而家是個活生生

的實驗室，沒有人知道所有的答案，也沒有人可以同時擁有所有的答案（史蒂芬‧柯維博士；Stephen R. Covey）。

　　台灣社會過去有所謂的「戶內婚姻」，也就是俗稱的「送做堆」意思。有子嗣的人家，從小抱養或收養別人的女兒當做「童養媳」，等到了其子和「童養媳」都到了適婚年齡，就由養父選定一個黃道吉日（通常會選在舊曆年的除夕夜），在自己家裡為兩人舉行正式結婚典禮。另外由原始時代的「亂倫」婚姻至近代「非我族類」的婚姻；由女娶男嫁演變為男娶女嫁；由過去「相愛關係」演變成今日「買賣關係」，婚姻決定一個家族的命運，也影響整個社會的秩序，這反映出婚姻在中華民族的發展史中有著不可忽視的發展作用。

　　中國人以天論道，依古之六禮定男女雙方結親之儀，其禮為納采、問名、納吉以納徵、請期、親迎來行婚事。究其精神無非是希望藉此繁複的禮俗讓雙方信守盟約。當婚禮產生之後，婚姻習俗便會隨之而產生，並且隨著時代的轉變而逐漸變遷。

　　「三書六禮」是中國傳統婚俗中較特別的部分，以下是這方面的簡介。

三書

1. 聘書：即訂親之書，男女雙方締造（定親庚帖），為納吉（過文定）時用。
2. 禮書：即過禮之書，是禮物清單，詳盡列明禮物種類及數量，為納徵信（過大禮）時用。
3. 迎親書：即迎娶新娘之書，結婚當日（親迎）接新娘過門時用，今日則以「結婚證書」作為一個完整的開始。

六禮

　　是中國古代社會裡締造婚姻關係的六個步驟，包括納采、納吉、定盟、納徵、請期、親迎。

一、納采

　　「納采」為六禮之首，男方屬意女方時，男家向女家求婚，延請媒人做媒，女家同意後，再收納男家送來的訂婚禮物，謂之納采，今稱「提親」；婚禮之初為求婚，求婚既允，而後行聘。古時納采禮物用「雁」，這有四個基本含義：一是取陰陽往來，婦人從夫之義。二是不失時、不失節。三是嫁娶長幼有序，不相跨越。四是用雁在當時還有比喻其從一而終，或時刻提醒人們在家庭生活中的行為觀念。在今時今日，男家是用生麵，肉包盒擔到女家，女家則需回以紗布（西裝料）、糖茗、綢巾、花肚等物。

二、納吉

　　「納吉」即「問名」，「問名」，問者訪也，名者名聲也。即男方探問女子的姓名及生日時辰（稱為提字仔），以卜吉兆，古謂之問名，今則稱「合八字」。問名的目的有二，一為防止同姓近親婚姻；二為利用問名得來的生辰年月日，占卜當事人的婚姻是否適宜。另外古時有謂三日清吉，係指將女方庚帖置於神明祖先案上，三天內家中一切平安，並即訪問家風相當得妥方合格。全帖並列男女甲庚送與女家；女家亦回，金字。此謂六禮之一也。

　　若卜得吉兆，男女雙方八字相夾，沒有相沖，男方使遣媒婆致贈薄禮到女家，告知女家議婚可以繼續進行，謂之納吉，今稱「過文定」或「小定」。「過文定」為「過大禮」之前奏，通常在

婚禮前一個月舉行。男家擇定良辰吉日，攜備三牲酒禮至女家，正式奉上聘書。

三、訂盟

訂者議約也，盟者歃血；結盟者信也。名約「文定」，又曰小聘、過定、暗定或定聘，俗稱「結指禮」。禮曰提釧儀，富貴家用綢緞盒盤金花之類；常人用戒指一對銅金連紅絲線，而聘銀隨意。

訂婚整個程序大致如下：

1. 男方出發前，上香祭祀祖先，以祈求姻緣美滿幸福。
2. 出發：男方同赴女方的人數應成雙。由男方年長親朋擔任押箱之貢禮官，禮車數一般為六輛或以上之雙數，男方攜所備禮品鳴炮出發。
3. 納采：男方車隊快到女方家前，應鳴炮答知，女方家也應鳴炮迎接，由女方小輩一人替新郎開車門，並端洗臉水讓新郎洗手，新郎應以紅包答謝，貢禮官（即押箱）則將聘金、聘禮交予新娘父母。
4. 男方親友進入女方家時，由媒人介紹雙方家長及親友互相認識，並說吉祥話討個好采頭。
5. 女方家中由一位福壽雙全者代表在列祖列宗前進行點燭、香及獻餅、禮之儀式。
6. 奉甜茶：準新娘由一位福壽雙全的好命婦人陪同，依序奉甜茶給男方親友。
7. 壓茶甌：甜茶飲盡，好命婦人再度牽引準新娘出堂收杯，男方親友各自將紅包與茶杯同置於茶盤上由準新娘逐一收

回。

8. 踩圓凳：準新娘由好命婦人牽出，坐於置放大廳中的高腳椅凳上，腳踩一小圓凳，面朝客廳大門（若招贅則面朝內）。

9. 戴戒指：新郎取出繫有紅線的金戒、銅戒，女方腳踏小板凳，端坐椅上，頷首斂眉地讓未婚夫把訂婚戒指套於新娘右手無名指上，完成了「文定之喜」。準婆婆此時亦為準新娘戴上項鍊、耳環之類的見面禮（俗稱鉤親）。

10. 準新人對雙方家長自此也改口並一一稱呼過。

男方到女家之儀式完成，燃炮慶賀後之儀式為：

1. 祭祖：女方父母攜準新娘祭拜祖先稟告婚事，並祈求婚姻美滿幸福。

2. 回禮：男方送來的禮品及聘禮，女方通常只收一部分，並回贈男方禮品六件或十二件。

3. 訂婚宴：女方設宴款待男方親友及女方親朋好友，女方應準備桼紅紙及紅包雞腿一份給男方前來之小男孩。

4. 男方親友在酒席結束前即應先行離去，離去前不必打招呼亦忌說再見。訂婚宴一般而言，由女方主辦，形式較結婚宴略簡，通常訂婚宴男方親友約十至十二人左右，主要來賓為女方至親好友，依此，可以視為一次家族內重要聚會，雙方利用喜慶歡宴之機，彼此相識，共同為一璧人獻上祝福。

5. 送客：女方將喜餅分贈親朋好友，新娘不可吃自己的喜餅。

四、納徵

徵者帛也，又名「納幣」。納幣之禮在於期之先俗日相送，乃用綢緞盒擔頭釵首飾盛儀，少不過二，多不過十，各從俗例，此條乃論家之有無，不一定要遵行。仿效擇與納采同。現有將納采及納徵二禮合併一，稱為完聘，將男方聘禮陳列在大食盒中，前導吹鼓手，媒婆押後，遊街到女家，稱之為辦盤。完聘前一天，男方要懸燈結綵，並以牲禮酬神，拜天公、三界公及眾神。「納徵」即正式送聘禮，男方奉送禮金、禮餅、禮物及祭品等到女家，今稱「過大禮」。

(一)男方過禮

1. 聘金：可分大聘、小聘，數目應為雙數，並用紅紙包裝。

2. 禮餅：(1)大餅即一般之漢餅，大都以斤計算。(2)盒仔餅即西餅，搭配小甜點。(3)米香：俗話說「吃米香嫁好尪」，故多少會準備一些。

3. 海味：分四式、六式，或八式，款式與數量視經濟情況而定。通常每款分做兩包，不論多少斤，髮菜是不可缺少，其他的有鮑魚、蠔豉、元貝、冬菇、蝦米、魷魚、海參、魚翅及魚肚等等。

4. 麵線禮：麵線十二結，表示千里姻緣一線牽，並有福澤綿長，廣被子孫之意。

5. 三牲禮：生雞兩對（活雞取其聲氣，兩雄兩雌，如父母不全，則一對已足）、鮮魚（或鴨母代替）各六隻，表示婚姻基礎永固，家中朝氣蓬勃，年年皆有餘慶。女方收三隻退三隻（因俗語道：無三不成禮）。豬以全豬、半隻或相當分

量的洋火腿，表示豐碩誠懇的敬意。女方退回一部分（若為豬肉則退帶骨部分）。

6. 椰子：兩對（如父母不全，則一對已足），取其有椰有子。

7. 酒：酒二打：表示一年二十四個節氣都平安順遂，愛情濃郁。女方家舅父兄弟也需一瓶酒（夏天用啤酒、冬天用紹興酒）。

8. 四京果：龍眼乾、品枝乾、合桃乾、連殼花生及米糖。桂圓又稱福圓，為祝福新人圓滿、子孫滿堂，多有興旺之意；福圓不能收，代表新郎的眼睛，表示自此看住新郎的眼睛，婚後不再看其他的女孩子。米糖（萬字糖、八腳糖）是供女方做湯圓之用，取其團圓美滿之意。

9. 四色糖：冬瓜糖、冰糖、金棗（或巧克力代替）、桔餅（或紅棗代替）各準備二份，代表新人甜甜蜜蜜。

10. 茶葉、芝麻：因種植茶葉必須用種子，故常以茶葉為禮物，即祝願此生不渝，絕無反悔。

11. 帖盒（禮金盒）：內有蓮子、百合、青縷、扁柏、檳榔兩對、芝麻、紅豆、綠豆、紅棗、核桃乾、龍眼乾，還有紅豆繩、紅包、聘金、餅金，以及龍鳳燭一雙及對聯一副。
另外包括：(1)金飾、布料（又稱上頭布）：金飾一般由婆婆準備，作為給媳婦的見面禮。(2)男方應備妥新娘的衣裙，顏色以討喜的紅色為主。亦可以衣料代替，另有新娘從頭到腳的各項服飾配件（以上俗稱十二件禮）。
所有禮金、禮餅及禮品均需雙數，取好是成雙之意。

(二)女方回禮

　　女方回禮必須具備茶葉及生果，其他還有蓮藕、芋頭、石榴各一對回給男家（指一郎到尾）。

　　1.預備甜茶。
　　2.甜湯圓、點心。
　　3.酒席。
　　4.回贈男方的禮品六件或十二件，如手錶、皮夾、皮帶、皮包（內裝紅鈔票）西裝、長褲（長命富貴）、領帶、鞋襪一雙（意同偕到老）、帽子、衣料、袖扣等。
　　5.石榴花或蓮蕉花。
　　6.貢官禮、媒人禮、牽新娘禮等紅包若干。
　　7.切不可送手帕，泛指分手之意。

五、請期

　　「請期」即男家請算命先生擇日，確定了娶親吉日後，即派人告知女家，徵求女家的意見，謂之請期，又稱「乞日」，今稱「擇日」即將日課（選定之良辰吉日）由媒人併同禮香、禮燭及禮炮送與女家以定迎娶之期，故又稱「送日頭或提日」。請期時又有禮物應備之，名曰「納徵」或「納幣」。

六、親迎

　　「親迎」為六禮最後一道程序，即新郎乘禮車赴女家迎接新娘。「親迎」意義有二：男子親自去女家迎接新娘，表現對女子的尊重及男子要求從夫居的強烈願望。古時，北方人及官場較為

盛行，即女婿先至女家拜行奠雁禮，若不通過親迎之禮而成親，則被認爲不合禮制，會受到世人譏諷。在當時，親迎被看成夫妻關係是否完全確立的依據。凡未親迎而夫死，女可以改嫁。然而一旦舉行了親迎後而夫死，按禮俗規定，新娘就必須從一而終。

安床、花燭、合巹與結髮、洞房及回門

「安床」亦即擇好吉日，由好命之長者（準新郎的長輩或親友，選擇父母健在、婚姻和睦、有兒有女者）將新床搬至適當位置，再由好命婆（準新娘的長輩或親友，選擇父母健在、婚姻和睦、有兒有女者）鋪床，將床褥、床單及龍鳳被等鋪在床上，並撒上各式喜果，如紅棗、桂圓、荔枝、紅綠豆及紅包；安床後任何人不可碰觸新床，人進房後，可讓小孩子在床上食喜果，稱爲「壓床」，取其百子千孫之意。

「花燭」此爲一般所指之結婚當日所行禮儀之統稱，即彩輿至，贊禮者高唱新玉人降寶輿，然後喜儐扶新娘降輿，與新郎並肩而立，向內行參拜禮。禮畢，執燭者引導新郎新娘入「洞房」，進行「合巹」儀式。

「合巹」指新婚夫婦在洞房內共飲「合歡酒」，象徵夫婦以結永好。關於合巹的意象，過去人們多理解爲「合體同尊卑」、「夫婦和諧平等」，但合巹應是表現生育意象是透過模仿兩性的交合來實現。就一般而論，以性愛爲重要內涵的情感當然是以婚姻爲前提，但除了性需求和生育等功能外，婚姻還有生活扶持、情感溝通等更爲內在豐富的社會及心理功能。

「結髮」的意思則是指女子許嫁後，用纓（一種絲繩）來束著頭髮，直到成婚之時，才由新郎親自從她頭髮上解下來。後來，傳統的結髮儀節有了重大的變化。新婚男女在新房裡各剪下一縷

頭髮，縮在一處作爲兩人結合的信物，稱之爲「合髻」。無論結髮或合髮，都意味著永不分離。

「洞房」即在經過一連串的儀式後，新婚夫婦便可開始他們第一次的性生活，傳宗接代。當日婚禮的整個過程也就此完畢。

「回門」此爲古反馬之禮，本應行之於三月廟見之後，今則多於滿三朝（日）或滿月後行之。回門日期，由女家決定，通知婿家。是日由女家之兄弟親往接婿與女俱往，是爲嫁女後「第一次歸寧之禮」，女家待之，如宴大賓。

或許現代人早已經忘記人生當中一段情緣該如何相思牽盼；或許終其一生的苦苦尋思，才能頓悟並豁然於它的存在價值，只是千萬不要在太遲的時候，否則只有「緣在，惜緣；緣去，隨緣」！

僅管社會環境變遷，嫁娶習俗雖然浩繁，然對因應剋擇之事仍應注意，切勿流於鹵莽，此所謂趨吉避凶之道，依科學觀點來看雖不全然，但其中也有幾分不得不然之道理存在。

第二節　法律的約束

「其實真正認識婚姻的人，都明白許多單純爲愛而結婚的夫妻，反而不若多方面做過完整世俗考量而理智選擇的夫妻，要來得幸福長久」，筆者認爲曹又方以上的說法相當中肯與實際。

試想我們過往與父母生活在一個家庭中，一切有父母可以擔待，然而成長後勢必要自己學習與異性相處，然而筆者常發現現代的年輕人，並不明白或瞭解該如何與異性正確的交往，所以更遑論去組成一個家庭，這時所需要的是年輕男女雙方必須先從性

別意識型態、傳統家庭型態與社會傳統文化開始，透過老師的教學因時利導，並跟隨社會趨勢改變真實認知價值上的差異，因為「手帕知交」與哥兒們的同性相處，那是一種友誼的表現，這與兩性的結合是截然不同的一種觀念與意境，因而必須在此釐清為何法律有此一明文的規範。

至於同性結婚在世界各國中包括美國一些州（如麻州）、加拿大（安大略省和英屬哥倫比亞省）、荷蘭、比利時、西班牙、法、德和阿根廷中均有重新詮釋婚姻定義，使結婚不再侷限於異性戀之間，同性戀者也將有合法結婚的權益，然而在我國卻仍未被允許或賦予法律保障。

這正是因為「現代婚姻」的盲點，加上現代年輕人不明白婚姻是怎麼一回事。這是不同於往昔任性的獨自生活，需要拋棄一些算盤與執著，然後經由雙方共同投入與認同的差異性溝通及生命的延續所組合而成，否則只要任何一方缺乏誠意，或者沒有共識，那麼婚姻的變數就將會形成一個枷鎖，以致婚姻壽命縮短 ──「離婚」或「婚姻暴力」便將成為現代人的隱憂。

婚姻與家庭為社會形成與發展之基礎，受到憲法制度性保障[1]。婚姻制度植基於人格自由，具有「維護人倫秩序」、「男女平等」、「養育子女」等社會性功能，國家為確保婚姻制度之存續與圓滿，自得制定相關規範，約束夫妻雙方互負忠誠義務。性行為自由與個人之人格有不可分離之關係，固得自主決定是否及與何人發生性行為，惟依憲法第二十二條規定，於不妨害社會秩序公共利益之前提下，始受保障，因而性行為之自由，自應受婚姻與家庭制度之制約。

過去有人在旅遊埃及時，發現當地相親的奇特風俗現象，即由男方母親前去相親，運用一些身體接觸的技巧來測知女孩的狀

況，先握其手以瞭解手是否柔軟，接著藉由擁抱以測知其雙峰是否豐滿，並趁機摸摸頭髮以辨別其是否長髮抑或戴假髮，這種傳統習俗，可以供忙碌的現代人參考。這種父母之命對於現代人所輕視婚姻的真諦來看，也未嘗不是一件好事！

而根據2003年在中國大陸所制定「婚姻登記條例」的規定，自1994年2月1日以後形成的事實婚關係（亦即非婚同居關係）一律被認為是非法同居關係，法律將不予承認與保護；而且在「婚姻登記條例」發布施行後，有配偶的人與他人以夫妻名義同居生活的，或明知他人有配偶而與之以夫妻名義同居生活的，仍應按重婚罪定罪處罰，與台灣地區之法律相同。

訂婚

或許未成年之年輕人會不解，怎麼有人會想要進入婚姻體制，覺得相愛就是相愛，何必用一張紙來證明什麼？到了二十幾歲開始略略瞭解，進入婚姻體制是為了表達自己的承諾與生活保障。面臨周遭的朋友逐漸結婚後，開始會擔心自己的「市場價值」，而正式開始尋找結婚對象，然而當一旦進入婚姻，生養完子女後，才突然發現枕邊人無法分享自己的生活，到了退休時，一夕之間發現無法再和伴侶生活，又不想要離婚，開始過著各自的生活，於是，生活中充斥這許多摩擦與過往的不快。

與其到時再想不同的年代進入婚姻的前提是什麼，是基於相愛相守，還是要一個老伴？如果不先自我釐清其分際，那將會很容易地將過去相知相守的美好完全磨滅掉，這點頗值得玩味與深思！

接下來我們談到整個婚姻的開始必須先論「訂婚」之真意，尤其過往常有門戶之見，這中間存有「優生學」及「心理學」的

考量，而這點在雙方的家世、背景、學歷、經歷的不對等情況下，往往會因爲婚姻暴力、家族融合，變成離婚的主要原因所在。在過往的中國帝王及歐洲貴族時代中，即領悟其中道理，所以對血統的要求非常地嚴格，雖然隨著自由民主的思潮逐漸解放，但是其中一些根深柢固的傳統內涵，總會有一些脈絡有其延續保存之必要性，所以基本上其本質並未有所更動，只是將之較爲淡化而已！

婚約，是男女雙方以將來結婚爲目的而作的事先約定。在現實生活中婚約往往是結婚前的必經程式，但正式結婚前男女雙方多以某種方式訂婚，即達成婚約，宣布建立彼此戀愛的相處關係。此後，婚約當事人即以未婚夫妻相稱，其近親屬間亦以「親戚」相稱。這樣，從訂婚到結婚的這段時間內，基於婚約關係，必然在男女雙方及雙方近親屬間發生多種關係。

婚約者即訂婚之謂，即男女雙方合意預約未來終身結合永久生活的契約，且男方必須滿十七歲、女方必須年滿十五歲（參民法第九七三條）。同時必須得到法定代理人之同意。婚約不發生或改變任何身分上的關係，也不得強迫履行或訴諸法院請求（參民法第九七五條）。但是婚約訂立後，一方故意違反婚約，他方可以請求財產的損害賠償與精神的損害賠償（參民法第九七八條）。

訂婚後，發現彼此個性不合，婚約可因當事人的解除而消滅。解除婚約的方式有二：

第一、合意解除：男女雙方於訂婚後如認爲不適合結婚，例如彼此個性不合、雙方理念差距過大、結婚後是否與公婆同住有重大歧見等等，雙方自可合意解除婚約。

第二、法定解除：當事人之一方，如有法律所定下列事由，他方即可請求解除婚約：

1. 婚約訂定後，再與他人訂定婚約，或結婚者。

2. 故違結婚期約者。

3. 生死不明已滿一年者。

4. 有重大不治之病者。

5. 有花柳病或其他惡疾者。

6. 婚約訂定後成爲殘廢者。

7. 婚約訂定後與人通姦者。

8. 婚約訂定後徒刑之宣告者。

9. 有其他重大事由者。

最後婚約當事人間，常因訂婚而贈與對方財物，例如大小聘金、訂婚鑽戒、項鍊及禮品等聘禮，而解除時依照現行實務上均認爲，這些聘禮，依民法第九七九條之一就明文規定：「因訂立婚約而爲贈與者，婚約無效、解除或撤銷時，當事人之一方，得請求他方返還贈與物」。同時應注意請求返還聘禮，依民法第九七九條之二規定，應於二年內請求，如逾期未行使該項請求時，則其請求權消滅，即不得再向他方請求返還。

結婚

民法規定結婚法定年齡爲男性滿十八歲，女性滿十六歲，未成年者需經由法定代理人同意（參民法第九八〇條）。而結婚要件應有公開的結婚儀式，並有二人以上之證人（參民法第九八〇條）。中國大陸婚姻法第六條的規定：「結婚年齡，男不得早於二十二周歲，女不得早於二十周歲。」以及第八條規定：「要求結婚的男女雙方必須親自到婚姻登記機關進行結婚登記。符合本法規定的，予以登記，發給結婚證。取得結婚證，即確立夫妻關係。

未辦理結婚登記的，應當補辦登記。」可供兩岸通婚時參考。

一、我國一般人民結婚的說明

1. 所謂公開的儀式：是指公開的結婚儀式，即須舉行一定之禮儀、宴客或教堂結婚，讓不特定的人可以共見共聞，不可以在封閉的空間舉辦婚禮，一定要讓他人知道有人正在舉行婚禮，方屬具備公開儀式。
2. 二人以上之證人：所謂的二人以上之證人即表示觀禮之人需二人以上，只要具有行為能力、願意證明結婚時自己確實在場觀禮，且知道兩人是在舉行結婚儀式即可。

一般人認為至戶政事務所登記結婚方是結婚，故直接登記省略結婚儀式，雖在身分證配偶欄上記載為夫妻關係，但卻是無效的婚姻。於戶政事務所登記並非是必要的條件，登記乃推定此二人結婚。對於準新人之父母之贈與額為新台幣（下同）兩百萬元（即免稅贈與一百萬及婚嫁贈與一百萬可以運用）。

在古代舊式婚禮中，有很多不同的物品被用來表達好兆頭。譬如嫁妝，在收到大禮後，女家的嫁妝須最遲於結婚前一天送到男家。大箱小箱的嫁妝，是女家身分與財富的象徵。廣東人較喜愛用耐久堅固的「樟木箱」，既實用，亦好意頭。在嫁妝中，除珍貴的珠寶首飾外，還有一些象徵好兆頭的東西：剪刀（表示蝴蝶雙飛，永不分離的意思）、尺（表示良田萬頃）、痰盂（表示子孫桶）、花瓶（表示花開富貴）、銅盆及鞋、龍鳳被、床單及枕頭一對、兩雙用紅繩綑著的筷子及碗（表示同偕到老）、七十二套衣服，用扁柏、蓮子、龍眼及紅包伴著（表示豐衣足食）。

此外，新娘隨身也帶著很多寶物，如寶鏡、弓箭、熨斗、篩子等，以用作驅邪，使妖魔不得近身。新娘在鳳冠霞帔內，還穿一套白布衫裙，裙上有一口袋，袋中裝有鉛（與緣同音）、紅糖、五穀和豬心（同心）。交通工具方面，則用大紅花轎將新娘送到新郎的門前。在新娘轎前有一枝帶葉的青竹，上面拴了一豬肉，這是為了驅除「百虎神」。另有一人挑著洗澡盆，叫「子孫盆」，是日後女子生產時用的，用意在於希望子孫綿延不絕。

至於一般所謂的無效婚姻，包括：1.違反近親結婚的規定。2.重婚。3.沒有舉行公開儀式及二人以上證人，婚姻也是無效。至於撤銷婚姻包括：

1.不能人道（參民法第九九五條）。

2.精神不健全（參民法第九九六條）。

3.遭人誘騙、脅迫（參民法第九九七條）。

4.未達結婚年齡（參民法第九八九條）。

5.未得法定代理人之同意（參民法第九九○條）。

6.有監護關係（參民法第九九一條）。

7.結婚違反民法第九八○條之規定者，除當事人已達該條所定年齡或已懷胎者外，當事人或其法定代理人得向法院請求撤銷，此在民法第九八九條規定甚明，是未達結婚年齡人之結婚，雖曾得法定代理人之同意，當事人亦得請求撤銷。

8.民法第九九○條但書，所謂結婚後已逾一年者不得請求撤銷，專指法定代理人，就違反民法第九八一條規定之結婚請求撤銷時而言，當事人就違反民法第九八○條規定之結婚請求撤銷時，自不適用。

二、大陸地區人民與台灣地區人民結婚

　　得於結婚滿二年或已生產子女者，申請在台灣地區居留，且該連續居留滿兩年者，得依台灣地區與大陸地區人民關係條例第十七條第四項申請定居。大陸地區人民與台灣地區人民結婚，合法來台已領有長期居留證者，在未領取國民身分證依法設籍定居前，依台灣地區與大陸地區人民關係條例施行細則第四條第二項之反面解釋，仍屬大陸地區人民，應受上開條例對於大陸地區人民之規範限制。大陸地區人民為台灣地區人民之配偶，結婚已滿兩年或已生產子女者，得申請在台灣地區居留；其類別及數額，得予限制，由行政院函請立法院同意後公告之。在台灣地區連續居留二年後，得申請在台灣地區定居，經許可定居者，得申請設立戶籍，「兩岸人民關係條例」第二條第三款、第十七條第一項第一款、第三項、第四項及「戶籍法」第四條第二項、第二十八條至第三十條、第四十三條、第四十四條、第四十六條、第四十七條等定有明文。大陸地區人民在台灣地區定居或居留，應備以下文件申請：

　　　　1.定居或居留申請書。
　　　　2.台灣地區旅行證或居留證乙份。
　　　　3.流動人口登記聯單乙份。
　　　　4.在台配偶戶籍謄本乙份。
　　　　5.保證書。
　　　　6.大陸地區證照保管收據及銷毀同意書。

　　有關台灣地區人民與大陸地區人民結婚及申辦大陸配偶來台之流程，詳見財團法人海峽交流基金會法律服務處提供：http://www.mac.gov.tw/big5/rpir/2nd2_1.htm。

三、外國人與台灣地區人民結婚

依據涉外民事法律適用法及國籍法（2005年6月15日修正）的相關規定，並不當然取得我國國籍，故仍然必須經過以下程序：

首先必須符合國籍法第三條之歸化的要件：

1. 於中華民國領域內，每年合計有一百八十三日以上合法居留之事實繼續五年以上（指其居留期間自申請歸化時，往前推算五年，應為連續且不中斷）。
2. 年滿二十歲並依中華民國法律及其本國法均有行為能力。
3. 品行端正，無犯罪紀錄。
4. 有相當之財產或專業技能，足以自立，或生活保障無虞。
5. 具備我國基本語言能力及國民權利義務基本常識。

其次依國籍法施行細則第二條規定向戶政機關辦理申請後，再層轉內政部核准，其應備文件為：

1. 願書。
2. 住居地方公民二人以上之保證書。
3. 依戶籍法（2005年6月15日修正）第十七、三十五條為結婚之登記及第四十三條之初設戶籍之登記。

婚姻關係成立後，夫妻之一方出家為僧或尼者，雖依其教規不得有配偶，而其夫妻之關係並不因此當然消滅[2]。

四、公證結婚

1. 現役軍人聲請公證結婚者，應繳驗所屬長官核准其結婚之證明文件，附卷備查，證明文件如必須取回者，應具備複印本經核相符後，始准發還之。

2. 結婚人如為外國人或其一方為外國人時，應繳驗護照、居留證各該當事人所屬大使館、領事館發給之婚姻狀況宣誓書（即未婚身分證明書，或經其簽證得為結婚之證明文件，如為外國軍人時應繳驗各該當事人所屬大使館、領事或服務機關，部隊主管發給之軍人結婚批准書）。

3. 華僑聲請公證結婚時，應提出僑居地大使館、領事館或華僑團體等相當機關簽證之證明文件。

4. 結婚人如為無國籍人或與我國無外交關係之外國人時，應繳驗足以證明其婚姻狀況之適當證明文件。

5. 有下列情形之一者，不得聲請辦理公證結婚：

   (1) 男未滿十八歲，女未滿十六歲者（參民法第九八〇條）。

   (2) 女子自前婚姻關係消滅後未逾六個月之期間，但已分娩者不在此限（參民法第九八七條）。

   (3) 違反民法第九八三條所定親屬結婚之限制者。

   (4) 監護人與受監護人於監護關係存續中結婚，而未經受監護人之父母同意者（參民法第九八四條）。

   (5) 重婚者（參民法第九八五條）。

   (6) 因姦經判決離婚，或受刑之宣告而與相姦人結婚者（參民法第九八六條）。

6. 應繳費用：公證費九十元，抄錄費七十四元，如需英文證

書者，則另繳翻譯費五十四元。

離婚

　　離婚者，夫妻以消滅婚姻關係為目的的行為，而這些正好都是因「無知」而結合的一種結局，這可從一些「門當戶對」與「高攀富貴」來比照的婚姻模式當中，清楚的分辨出前者的婚姻比後者要來的安定與持久。

　　從漢代，在《大戴禮・本命》禮制中已經有「七去」即「七棄」的說法，也成為一般人休妻的重要準則，文獻中記載的離婚例子，譬如著名的班超，因為同僚說他沈溺於家室之樂，就憤而休妻。一直到唐代的《唐律》之中，才把「三不去」為指妻子曾經幫舅姑服喪、娶妻時窮現在富有以及「有所受無所歸」（應指妻子的父母家族均亡，而被休後可能無家可歸）；但例外有「義絕」之規定及「七出」（一無子，二淫佚，三不事舅姑，四口舌，五盜竊，六嫉妒，七惡疾）列入法律規定之中，而其他離婚理由包括義絕、和離、違律成婚等而離婚者為違律必須受罰，但唐代，離婚的法律規定執行仍不嚴格，經常有不甚合律的離婚也不被干涉，法律僅在離婚中一方不服而興訴訟時，才由地方官員按律來作審判。

　　直到宋、元以後，離婚規定的實行逐漸變得更嚴格。雖然法律規定上仍延續唐律的規定，但實行上更加嚴格，婚姻契約（元代以後稱作休書）的使用雖始見於唐代，但在宋代才開始普遍實行，且到元代更要求休書必須交官府審驗，因此，七出的法律規定被實際執行，而這種制度一直延續到明清，因而古代的離婚法是「由禮入法」，由此可見古禮逐漸成為典章制度的由來。

至於現行離婚的方式包括：兩願離婚與判決離婚。然而如何讓一個婚姻「好聚好散」，其實是一門學問。在康斯坦絲·阿榮斯博士（Constance Ahrons）所著《良性離婚》（*The good devorce*）一書中，將一般人對離婚的觀念由狹隘的「離婚即家庭破裂」的「單親家庭」模式，轉變為更積極、更正面的「雙核心家庭」概念，頗具有參考價值，否則如任由「離婚」來將婚姻所建立的關係瓦解，這必將是當事人整體性的痛苦與挑戰，也更是一個家庭與子女心靈的劇烈變遷。

一、兩願離婚

兩願離婚者，夫妻雙方合意消滅婚姻關係為目的的要式契約，也稱為協議離婚。兩願離婚必須以書面為之，並經二人以上證人在書面簽名，而且向戶政機關辦理離婚登記，始生離婚效力（民法第一○五○條）。夫妻間為恐一方於日後或有虐待或侮辱他方情事，而預立離婚契約者，其契約即與善良風俗有背，依民法第七十二條應在無效之列。

二、判決離婚

通姦是判決離婚的法定原因之一，民法第一○五二條判決離婚之事由夫妻之一方，有左列情形之一者，他方得向法院請求離婚：

1.重婚者。
2.與人通姦者。
3.夫妻之一方受他方不堪同居之虐待者。
4.夫妻之一方對於他方之直系尊親屬為虐待，或受他方之直

系尊親屬之虐待，致不堪爲共同生活者。

5.夫妻之一方以惡意遺棄他方在繼續狀態中者。

6.夫妻之一方意圖殺害他方者。

7.有不治之惡疾者。

8.有重大不治之精神病者。

9.生死不明已逾三年者。

10.被處三年以上徒刑或因犯不名譽之罪被處徒刑者。

　　依法提起請求，而我國民法規定此十種原因，又外加了一項「有前項以外之重大事由，難以維持婚姻者」。婚姻已無法繼續時，夫妻雙方在離婚前要詳細冷靜的考慮清楚，理智的討論離婚的各項事宜，如財產的分配、子女的監護歸屬、贍養費、探視的時間起訖、子女教育生活費用的支付方式等，以書面方式書寫清楚詳盡，並有二位證人簽名，再向戶政事務所辦理離婚之登記，這種方式在法律上稱爲「兩願離婚」亦即「協議離婚」；民法第一〇五〇條規定，兩願離婚，應以書面爲之，有二人以上證人之簽名並應向戶政機關爲離婚之登記。

　　另外不同國籍者離婚之效力，依夫之本國法。爲外國人妻未喪失中華民國國籍或外國人爲中華民國國民之贅夫者，其離婚之效力依中華民國法律，爲我國涉外民事法律適用法第十五條所明定。

　　至於相關管轄及相互承認之事項請參照以下之說明：

　　第一、涉外民事法律適用法並無關於離婚事件國際管轄權之規定，惟綜合民事訴訟法第五六八條關於離婚事件管轄權之規範意旨及原理，應解爲我國就離婚事件之國際管轄權，係以當事人本國法院管轄爲原則，輔以住所地法院管轄權及原因事實發生地

法院之管轄權。

第二、民事訴訟法第四○二條第一項第四款所謂相互之承認，係指司法上之承認而言，並非指國際法上或政治上之承認。而司法上之相互承認，基於國際間司法權相互尊重及禮讓之原則，如外國法院已有具體承認我國判決之事實存在，或客觀上可期待其將來承認我國法院之判決，即可認有相互之承認[3]。

第三、兩岸之雙方當事人持以經填妥的離婚協議書前往戶政事務所辦理離婚登記，並申領離婚協議書與離婚戶籍謄本全戶各五份，向台灣公證處辦理離婚公證，由大陸女方攜帶一份返回大陸，約一個月後向大陸公證人詢問是否寄達，前往公證人處辦理認證後再攜帶前往原結婚登記機構辦理離婚登記。

另外在大陸離婚時應注意，大陸婚姻法第三十一條：「男女雙方自願離婚的，准予離婚。雙方須到婚姻登記機關申請離婚。婚姻登記機關查明雙方確實是自願並對子女和財產問題已有適當處理時，發給離婚證。」和同法第三十二條：「男女一方要求離婚的，可由有關部門進行調解或直接向人民法院提出離婚訴訟。人民法院審理離婚案件，應當進行調解；如感情確已破裂，調解無效，應准予離婚。有以下情形之一，調解無效的，應准予離婚：

1.重婚或有配偶者與他人同居的。
2.實施家庭暴力或虐待、遺棄家庭成員的。
3.有賭博、吸毒等惡習屢教不改的。
4.因感情不和分居滿二年的。
5.其他導致夫妻感情破裂的情形。

一方被宣告失蹤，另一方提出離婚訴訟的，應准予離婚。」之相關規定。

第三節　家庭的暴力

　　當問題發生後，逃避只會更陷於困境而無法自拔，此時唯一的解決方法便是面對它，進而去瞭解、破解，如此才能真正地轉危為安。這時候有兩種選擇，其一便是透過訴訟，其二便是透過以下的各種協調來化解紛爭，如此才能無訟一身輕，毫無顧慮地重新面對人生。

　　名模王靜瑩的家暴事件成為媒體追逐的對象，家庭暴力防治法（1998年6月24日）的防治規範更形成未來婚姻時的一道門檻，所謂家庭暴力，指的是發生在家庭成員之間身體或精神上不法侵害之行為。它的對象包括父母、配偶、小孩、手足或四等親，範圍十分廣泛。形式包括婚姻暴力、兒童及青少年虐待、性虐待及老人虐待。虐待定義又分為身體虐待、精神虐待（包括言語恐嚇、威脅、情緒虐待、控制和隔離）及性虐待。家庭本來是最安全、最溫暖的避風港，但是有許多婚姻暴力、兒童、青少年虐待、對尊長的暴力行為、親子手足間的暴力行為或性虐待等家庭暴力行為，卻是隱藏在家門內的祕密。家庭暴力防治法乃為促進家庭和諧，防治家庭暴力行為及保護被害人權益。

　　家庭暴力防治法（下稱家暴法）屬於社政法規、福利法規之性質，為使更多人獲得保護令之保護以及其他扶助、護衛、輔導與治療，故其所規定之家庭成員範圍較民法親屬編所規定之家

長、家屬範圍爲廣，只需加害人與被害人間具有該法第三條所定之家庭成員關係，一旦發生侵害，即屬家庭暴力，並不以同財共居爲必要。

傳統上所謂「法不入家門」及「清官難斷家務事」的觀念，已成爲陳腐落伍的名詞，應該徹徹底底地打破。這些家庭暴力行爲，常造成嚴重的傷害，已經不能用「家務事」一詞來讓外人袖手旁觀。從此公權力得以正式介入家庭暴力行爲的禁制區域，家庭暴力行爲已經並非只是一般私人間之「家務事」而已，而是一種「社會事件」。本法所稱家庭暴力者，謂家庭成員間實施身體或精神上不法侵害之行爲；同時該法所稱家庭暴力罪者，謂家庭成員間故意實施家庭暴力行爲而成立其他法律所規定之犯罪。而所稱騷擾者，謂任何打擾、警告、嘲弄或辱罵他人之言語、動作或製造使人心生畏怖情境之行爲（家暴法第二條）。

因而對於老公（老婆）打老婆（老公）、前夫（前妻）騷擾前妻（前夫）、婆婆虐待媳婦或媳婦虐待婆婆、兒童虐待、老人虐待、精神虐待、性虐待等行爲，現在都有法可管。古人常說「家和萬事興」，對於破壞家庭和諧、實施家庭暴力者，法律將予以嚴懲；對於家庭暴力行爲，你我都不再是局外人，爲了促進家庭和諧，防治家庭暴力行爲，大家應該多管閒事，並一起終結家庭暴力。

另外依據家庭暴力防治法第三條之規定：「本法所稱家庭成員，包括下列各員及其未成年子女：

1.配偶或前配偶。

2.現有或曾有事實上之夫妻關係、家長家屬或家屬間關係者。

3.現爲或曾爲直系血親或直系姻親。

4.現爲或曾爲四親等以內之旁系血親或旁系姻親。

法院依法爲未成年子女酌定或改定權利義務之行使或負擔之人時，對已發生家庭暴力者，推定由加害人行使或負擔權利義務不利於該子女，家庭暴力防治法第三十五條固定有明文，惟此僅係法律推定，依民事訴訟法第五七九條第二項、第五七五條之一規定，法院非不得斟酌具體資料，爲相反之認定。

法院受理通常保護令之聲請後，除有不合法之情形逕以裁定駁回者外，應即行審理程序。

法院於審理終結後，認有家庭暴力之事實且有必要者，應依聲請或依職權核發包括下列一款或數款之通常保護令：

1.禁止相對人對於被害人或其特定家庭成員實施家庭暴力。

2.禁止相對人直接或間接對於被害人爲騷擾、通話、通信或其他非必要之聯絡行爲。

3.命相對人遷出被害人之住居所，必要時並得禁止相對人就該不動產爲處分行爲或爲其他假處分。

4.命相對人遠離下列場所特定距離：被害人之住居所、學校、工作場所或其他被害人或其特定家庭成員經常出入之特定場所。

5.定汽、機車及其他個人生活上、職業上或教育上必需品之使用權，必要時並得命交付之。

6.定暫時對未成年子女權利義務之行使或負擔由當事人之一方或雙方共同任之、行使或負擔之內容及方法，必要時並得命交付子女。

7. 定相對人對未成年子女會面交往之方式，必要時並得禁止會面交往。

8. 命相對人給付被害人住居所之租金或被害人及其未成年子女之扶養費。

9. 命相對人交付被害人或特定家庭成員之醫療、輔導、庇護所或財物損害等費用。

10. 命相對人完成加害人處遇計畫：戒癮治療、精神治療、心理輔導或其他治療、輔導。

11. 命相對人負擔相當之律師費。

12. 命其他保護被害人及其特定家庭成員之必要命令（家暴法第十三條）。

　　任何人都無權以暴力對待別人，這是必須堅守的社會規範；而我國現行一般保護令可區分為「通常」及「暫時緊急」保護令，一般家暴受害者可提出驗傷單請求警方代向法院申請暫時緊急保護令，法院於受理第十一條第一項但書之暫時保護令聲請後，依警察人員到庭或電話陳述家庭暴力之事實，有正當理由足認被害人有受家庭暴力之急迫危險者，除有正當事由外，應於四小時內以書面核發暫時保護令，並得以電信傳真或其他科技設備傳送暫時保護令予警察機關。聲請人於聲請通常保護令前聲請暫時保護令，其經法院准許核發者，視為已有通常保護令之聲請（家暴法第十五條）。

　　命相對人遷出被害人住居所或遠離被害人之保護令，不因被害人同意相對人不遷出或不遠離而失其效力（家暴法第十六條）。

第四節　夫妻的權義

結婚是件喜事，談錢卻傷感情，新婚夫妻如果直接碰觸到「財產怎麼分」這回事時，難免有些殺風景！於是在談論時便會產生「理性」與「感性」爭執的空間。不過如果夫妻雙方能靜下心來，理智面對問題的癥結，預作財產的規劃與安排，將來才不至於發生撕破臉時難以收拾的殘局。而國外現行的婚前契約可以做爲參考。

當然原本單純的感情，因爲財產而種下日後變質的種子，基本上便要仔細且詳加考量了！

夫妻財產

夫或妻之財產分爲婚前財產與婚後財產，由夫妻各自所有。不能證明爲婚前或婚後財產者，推定爲婚後財產；不能證明爲夫或妻所有之財產，推定爲夫妻共有。

1. 夫或妻婚前財產，於婚姻關係存續中所生之孳息，視爲婚後財產。
2. 夫妻以契約訂立夫妻財產制後，於婚姻關係存續中改用法定財產制者，其改用前之財產視爲婚前財產。

依據目前民法上的規定，夫妻雙方的財產劃分，有法定財產制與約定財產制兩種，前者指的就是「聯合財產制」；後者則是指可以選擇「共同財產制」（夫妻之財產及所得，除特有財產外，合併爲共同財產，屬於夫妻公同共有）或「分別財產制」（夫妻各

保有其財產之所有權，各自管理、使用、收益及處分）而言。

　　一般法律上規定，倘夫妻雙方未約定財產制者，而所為聯合財產制是指結婚時屬於夫妻之財產及婚姻關係存續中夫妻所取得之財產；

1. 夫或妻各自管理、使用、收益及處分其財產（參民法第一〇一八條）。
2. 夫妻於家庭生活費用外，得協議一定數額之金錢，供夫或妻自由處分（參民法第一〇一八之一條）。
3. 夫或妻於婚姻關係存續中就其婚後財產所為之無償行為，有害及法定財產制關係消滅後他方之剩餘財產分配請求權者，他方得聲請法院撤銷之。但為履行道德上義務所為之相當贈與，不在此限。夫或妻於婚姻關係存續中就其婚後財產所為之有償行為，於行為時明知有損於法定財產制關係消滅後他方之剩餘財產分配請求權者，以受益人受益時亦知其情事者為限，他方得聲請法院撤銷之（參民法第一〇二〇之一條）。
4. 夫妻就其婚後財產，互負報告之義務（參民法一〇二二條）。
5. 夫妻各自對其債務負清償之責。夫妻之一方以自己財產清償他方之債務時，雖於婚姻關係存續中，亦得請求償還（參民法一〇二三條）。

　　夫妻法定財產制關於家庭生活費用，除夫無支付能力時，由妻就其財產之全部負擔外，以由夫負擔為原則，如妻有正當理由而與夫分居時，夫仍應負擔妻之生活費用即家庭生活費用，此與

法定扶養義務不同。夫妻之一方受破產宣告時，其夫妻財產制，當然成為分別財產制。

夫妻離婚時，除採用分別財產制者外，各自取回其結婚或變更夫妻財產制時之財產；如有剩餘，各依其夫妻財產制之規定分配之。2002年民法親屬編修正前適用聯合財產制之夫妻，其特有財產或結婚時之原有財產，於修正施行後視為夫或妻之婚前財產；婚姻關係存續中取得之原有財產，於修正施行後視為夫或妻之婚後財產。

表2-1 法定夫妻財產制與舊制聯合財產制之異同

比較項目	法定財產制	聯合財產制
財產種類	一、婚前財產。 二、婚後財產。	一、原有財產。 二、特有財產 (法定及約定)。
所有權	各自所有。	分別所有
管理權	各自管理。	一、聯合財產：原則由夫管理；例外約定由妻管理。 二、特有財產：各自管理。
管理費用負擔	各自負擔。	一、聯合財產：由管理權之一方負擔。 二、特有財產：各自負擔。
使用及收益權	各自使用、收益。	管理權之一方對他方之原有財產有使用、收益之權。
處分權	各自處分其財產。	管理權之一方經他方同意，始得處分他方之原有財產。但管理上必要之處分，有管理權之一方可逕行為之。
債務清償責任	各自對其債務負清償責任。	依財產種類之不同區分責任歸屬，關係較為複雜。
保全措施	婚姻關係存續中夫妻一方所為詐害他方剩餘財產分配請求權之行為，他方得聲請法院撤銷。	無。

（續）表2-1　法定夫妻財產制與舊制聯合財產制之異同

比較項目	法定財產制	聯合財產制
剩餘財產分配請求權	一、法定財產制關係消滅時，夫或妻現存之婚後財產，扣除債務後，應平均分配。 二、不列入分配之財產：因繼承或其他無償取得之財產及慰撫金。 三、法定財產制關係消滅前五年內，夫或妻惡意處分婚後財產之價額，得追加計算。 四、夫妻應受分配之一方，得就不足部分，向特定第三人請求返還。	一、聯合財產關係消滅時，夫或妻於婚姻關係存續中所取得而現存之原有財產，扣除債務後，應平均分配。 二、不列入分配之財產：因繼承或其他無償取得之財產。
家庭生活費用負擔	除法律或契約另有約定外，由夫妻各依其經濟能力、家事勞動或其他情事分擔之。	夫無支付能力時，由妻就全部財產負擔。
自由處分金	夫妻於家庭生活費用外，得協議一定數額之金錢，供夫或妻自由處分。	無。

參考資料：2002年6月4日法務部法律事務司製。

夫妻債務

　　夫妻之間的經濟究竟是個各自獨立的個體，還是相互有牽連關係，且聽我慢慢道來，希望讀者在經過以下分析解釋後，觀念能夠有所釐清。一個人即使曾經無情的背離家而去，但家依然默默地在等待著，因為唯有這個地方，是願意傾盡一生歲月，毫無怨尤的為迷途的羔羊守候的明燈，所以新時代的夫妻財務負擔，不應該再有「夫債妻還」的陋習。

　　同時當一個人如果能夠真正明白，人與人之間的分合係「隨

緣而聚，緣盡而散；聚時盡其在心，散時止於在己」，那世間焉會存有怨與恨呢？因為兩性間感情的互動，彼此看對眼的情況可能隨時會發生，倘若個人行為沒有堅強的道德約束作後盾時，最後往往依靠法律規範來彌補，就會產生因為未曾預防而無力迴天的遺憾！

我們在日常生活當中經常聽到夫妻是一組生活共同體，因此「夫債妻還」或「妻債夫還」之說便在市井流傳，然而此二種說法均於法無據，因為「冤有頭；債有主」，只要讀者詳細閱讀本文之說明後，應會有一番新的體悟。民法第一○二三號規定的明明白白：「夫妻各自對其債務負清償之責。夫妻之一方以自己財產清償他方之債務時，雖於婚姻關係存續中，亦得請求償還。」但如果是因家庭生活費用所生之債務，夫妻應連帶負責，以顧及交易安全。譬如夫妻雖互負扶養之義務，民法第一一一六條之一定有明文，但妻因履行其扶養義務所支付夫之醫藥費，難謂係夫對於妻所負之債務。

另外同法第一○三四條：「夫或妻結婚前或婚姻關係存續中所負之債務，應由共同財產，並各就其特有財產負清償責任」。及第一○三八條規定：「共同財產所負之債務，而以共同財產清償者，不生補償請求權。共同財產之債務，而以特有財產清償，或特有財產之債務，而以共同財產清償者，有補償請求權，雖於婚姻關係存續中，亦得請求。」

夫妻在人生旅程上偶然的際遇相逢，能不能攜手一生端視心態的是否正確，而非只是「夫妻本是同林鳥，大難來時各自飛」的悲調，因此本文希望透過我國傳統的道德智慧，從中學習夫妻相處之道，如何在各種場合舉止得宜，如何掌握彼此之間的分際，雙方都必須在潛移默化之中建立可依循的正確價值觀，以避

免夫妻間因財務狀況離異，為此希望透過文中的一些軌跡脈絡的闡述，讓讀者能夠有所省思與頓悟！

同樣的情況在中國大陸也認為：「夫妻共同債務是指夫妻共同生產、生活或為履行撫養、贍養義務所欠的債務。夫妻一方或雙方在婚姻關係存續期間所欠的債務應認定是夫妻共同債務，但能夠證明是一方的個人債務除外。」可供國內讀者參考。另外譬如實務上的案例：過去曾有夫妻倆為逃避債務，簽訂假離婚協議，丈夫將所有房產都分給了妻子，並經法院或公證確認，誰知兩年後，妻子提起了侵權訴訟，要求丈夫遷出該房，結果法院終審判決丈夫必須遷出房屋時，糊塗的丈夫將因此而欲哭無淚，小心聰明反被聰明誤的自作聰明。

權利義務

自然人及法人為權利義務之主體，固均為憲法保護之對象，惟為貫徹憲法對人格權及財產權之保障，非具有權利能力之「團體」，如有一定之名稱、組織而有自主意思，以其團體名稱對外為一定商業行為或從事事務有年，已有相當之知名度，為一般人所知悉或熟識，且有受保護之利益者，不論其是否從事公益，均為憲法所保護之對象。

而依民法第一一一六條之一的規定：「夫妻互負扶養之義務，其負扶養義務之順序與直系血親卑親屬同，其受扶養權利之順序與直系血親尊親屬同」。夫妻之一方死亡時，婚姻關係固因配偶之一方死亡而解消。然其生消滅效果者，僅限於夫妻間之權利義務，對於生存之一方與第三人間之關係，不因男女婚姻關係消滅而消滅[4]。

對於未成年子女之權利義務，除法律另有規定外，由父母共

同行使或負擔之。父母之一方不能行使權利時，由他方行使之。父母不能共同負擔義務時，由有能力者負擔之。父母對於未成年子女重大事項權利之行使意思不一致時，得請求法院依子女之最佳利益酌定之（民法第一〇八九條）。另外父母對於未成年之子女，有保護及教養之權利義務（民法第一〇八四條）。

民法第一〇五五條所定夫妻離婚有關對於未成年子女權利義務之行使或負擔之酌定、改定或變更事件，由未成年子女住所或居所地之法院管轄。未成年子女有數人，其住所或居所不在一法院管轄區域內者，各該住所或居所地之法院俱有管轄權。第一項之事件有理由時，程序費用由未成年子女之父母或父母之一方負擔（非訟事件法第一二二條）。

父母均不能行使、負擔對於未成年子女之權利義務，或父母死亡而無遺囑指定監護人時，依下列順序定其監護人（其他部分已在前章第四節中說明，則不另在此贅述）：

1.與未成年人同居之祖父母。
2.與未成年人同居之兄姊。
3.不與未成年人同居之祖父母。

未能依前項之順序定其監護人，或為未成年子女之最佳利益，法院得依未成年子女、檢察官、當地社會福利主管機關或其他利害關係人之聲請，就其三親等內旁系血親尊親屬、社會福利主管機關、社會福利機構或其他適當之人選定或改定為監護人，並得指定監護之方法。法院為前項選定或改定前，應命主管機關或其他社會福利機構進行訪視，提出調查報告及建議。聲請人或利害關係人亦得提出相關資料或證據，供法院斟酌（民法第一〇

九四條）。

　　另外繼承因被繼承人死亡而開始。繼承人自繼承開始時，除民法另有規定及專屬於被繼承人本身之權利義務外，承受被繼承人財產上之一切權利義務，無待繼承人為繼承之意思表示，至於繼承相關之規定請參閱第四章之說明。

註釋

[1]　參司法院釋字第三六二號、第五五二號解釋。

[2]　參1933年台上字第一八一九號判例。

[3]　參2004年台上一九四三號判決。

[4]　參2001年重上字第三三四號判決。

協談化爭
人生考驗篇

凡事若能未雨綢繆的儘量學習認知法律的重要性，如此便能避開因法律形成訟爭的對簿公堂的局面。「路徑窄處，須讓一步與人行；滋味濃處，須留三分與人食。」當生命遇到考驗時，究竟該用什麼樣的角度去看待事情呢？很多人都以悲觀去衡量損失，然而如果真正去認識並設法改變不好的狀況，試問這種選擇的人生旅程是否更有意義呢！人生要輕鬆自在其實很簡單，只要打理好「自己的私事」，不去管「別人的閒事」，不操心「老天的雜事」，就能減少不必要的紛爭與煩惱。

　　加上由於民事紛爭事件之類型，因社會經濟活動之變遷趨於多樣化，為期定紛止爭，國家除設立訴訟制度外，尚有仲裁及其他非訴訟之機制。基於國民主權原理及憲法對人民基本權利之保障，人民既為私法上之權利主體，於程序上亦應居於主體地位，俾其享有程序處分權及程序選擇權，於無礙公益之一定範圍內，得以合意選擇循訴訟或其他法定之非訴訟程序處理爭議；「抉擇有時是不得已的，但有時抉擇是代表正面積極的面對問題來解決」。

　　一般生活上之問題，雖與法律有關，一般均屬民事糾紛者較多，其處理方式如下：

一、和解

　　和解是指由於雙方對於爭執事項，都願意適度的讓步而形成的一種共識，基本上不必一定由第三者從中協調者。同時和解可分為訴訟上及訴訟外和解兩種，其效力有別，務必小心因應。

二、調解

　　亦即由第三者來協調雙方原有的爭議事項，然後透過彼此的

意見交換，由第三者來尋求一個雙方能夠接受的折衷方案。

三、仲裁

　　一般工程常有仲裁前置程序的約定及商業糾紛的處理模式，其訴訟費用較節省，目前通過一般民事糾紛亦可採行。現行仲裁必須符合：

1. 當事人雙方約定民、商爭議交由仲裁，可就現有、將來可能發生之爭議進行商務仲裁。
2. 依證券交易法，發生有價證券交易的爭議，當事人得依約定進行仲裁。另外證券商、證券交易所或證券商相互間，無論有無訂立仲裁條款，均應進行仲裁。
3. 勞資爭議之仲裁。

而訂立仲裁契約必須具備以下三要素：

1. 當事人所利用的仲裁機構。
2. 仲裁所適用的規則及準據法。
3. 實施仲裁的地點。

其實務流程為：

1. 訂有仲裁條款之當事人向仲裁協會提出申請。
2. 繳納仲裁費用及選定仲裁人。
3. 舉行仲裁詢問，最後作成仲裁判斷（此判斷與法院判決有同一效力，並可依法強制執行）。

四、訴訟

　　若有仲裁條款則依民事訴訟法第二四九條駁回，另外就是有無管轄合意及是否依法繳交1.5%的訴訟費的問題。

　　接下來將討論刑事上之爭議處理，如有遭遇到任何涉及不法之刑責時，其處理方式大致可區分為以下幾種途徑解決：第一、告發，即任何人知有犯罪均得告發。第二、告訴，即犯罪之被害人、法定代理人得提出告訴，但告訴乃論之罪不得與被害人之意思相反。第三、自訴，即自訴制度必須直接被害人才可提起，間接被害人則不可，而基本上自訴可全權委任訴訟代理人，例外係法官認為有必要證實其本人時，才會命其到庭。同一事件中，只要含有應經公訴之牽連犯即不得提起自訴。

　　犯罪行為雖已致國家及社會損害，而個人之受害與否，仍必須視他人之行為而定，即不能謂係同時被害，而不得提起自訴。同時自訴人是否為被害人，以上訴狀所述之事實為準，而非以經調查結果作為提起自訴的依據。

　　被告或涉嫌人之權益，由於有大法官會議釋字第三九二號解釋要求，而在1997年12月12日通過之刑事訴訟法中之規定如下：羈押決定權回歸給法院，被告依刑事訴訟法第一一〇條第一項之規定：「被告及得為其輔佐之人或辯護人，得隨時具保，向法院聲請停止羈押」納入智能障礙者通知選任、強制辯護及強制輔佐之規定。同時有關羈押部分，除原先重罪羈押外，新增預防性羈押條文，並藉此架構撤銷羈押及停止羈押之法院審查方式。

一、預防性羈押條文

　　預防性羈押條文如下：

1. 羈押期間之計算，每一審級羈押的期間，均自卷宗及證物送交該審法院之日起算，以避免過去空白羈押的產生；而起訴或裁判後送交前之羈押則算入偵查中或原審法院的羈押期間，此觀之刑事訴訟法第一○八條第三項之規定自明。

2. 聲請具保停止羈押不得駁回的基準：以最重本刑為三年以下有期徒刑、拘役或專科罰金之案件；且非累犯、常業犯、有犯罪習慣、假釋中更犯罪或依第一○一條之一第一項特定犯罪者，均依新法予以保障。

3. 押票除改由法官簽發外，並列入觸犯法條、所依據事實、羈押期間及其起算日、不服羈押之救濟方法；送達於檢察官、看守所、辯護人、被告及其所指定之人（參刑事訴訟法第一○三條之一）。

二、訊問之重點

訊問被告或犯罪嫌疑人之前，程序上應包括告知其得保持緘默之規定，其刑事訴訟法第九十二條第二款更規定「訊問被告應先告知被告得保持緘默，無須違背自己的意思而為陳述」；以及刑事訴訟法第一○○條之一應全程連續錄音、錄影之規定。

此處必須注意如果原先是以證人身分（必須取得同意配合，且隨時可中止談話的情況），然後以被告身分來區隔的話，如此可規避刑事訴訟法犯人必須在二十四小時移送法院聲請羈押的規定。

不過當「證人」變成「重大嫌疑犯」時，檢察官必須面告當事人涉嫌，說明所犯法條與罪名，並開出逮捕通知書，如此便是

以偵字案件開始偵辦，隨即受到二十四小時移送法院的限制。

1. 禁止以強暴、脅迫、利誘、詐欺及疲勞訊問之刑事訴訟法第九十八條明文規定及原則上禁止夜間（日出前、日沒後）詢問（即可依法拒絕詢問）之刑事訴訟法第一○○條之二規定，其例外：
   (1) 經受詢問人明示同意。
   (2) 於夜間經拘提或逮捕到場而查驗其人有無錯誤者。
   (3) 經檢察官或法官許可者。
   (4) 有急迫情形者。
2. 檢察官對司法警察移送或報告案件擁有立案審查權限規定。
3. 審判期日應傳喚被害人到庭陳述意見規定及刑事訴訟法第二四八條之一被害人於偵訊中得由其法定代理人、配偶、直系或三親等旁系血親、家長、家屬、醫師或社工人員陪同在場，並得陳述意見之規定。
4. 簡易案件限於得易科罰金、單科罰金及宣告緩刑案件。
5. 在簡易訴訟程序第四五一條之一規定中引進向檢察官為認罪協商制度。
6. 被告或犯罪嫌疑人得隨時選任辯護人之規定（刑事訴訟法第二十七條第一項，2004年6月23日修正），此隨時係包括警察、調查員及檢方。
7. 羈押中被告之禁止接見、通信併同回歸法院決定等等。

第一節　談判、協商與溝通

　　首先我們必須瞭解談判是一種心的雕刻，因為那是對於彼此認知的一種解構，這其中有著本身語言的謬誤與觀念傳達的參差，同時在談判的過程中很難不談到所謂的謀略運用，這是一種利用佈局以建立一個基礎的著力點，因此必然牽涉到機識與奇襲等交互運用之情況，否則雙方在根本對立衝突點上便可以自行解決，何用再透過談判與溝通磋商來尋求彼此的共識。這正好像今日海峽兩案的談判雙方均預設談判結果的立場，彼此所能達成的交集性談判便不得不先打一點折扣，因此在整個協商的傳奇性歷史中，會產生詭辯與說服的兩種流派人士的對立見解，不過世間事沒有絕對是對立的，如何在攻擊與防禦中尋求相容之折衷點，應該才是真正談判與溝通所欲達到之目的。

　　當然亦有一派認為凡事強調實質無庸使用技巧應對，而利用這種屬於法律人本身的公平正義訓練後，其價值的判斷觀或許言之成理亦有其構思之所在，因此本篇在討論問題時，均只提出各派技巧理論供讀者自行評判是非對錯，而不對其下任何結論以影響讀者之看法，特提出說明之。

　　同時因為法律人本身係從法的觀念出發，且因過往承辦案件種類之關係，從協商中研究對於談判需求之認知，更會有著相當不同程度經驗之差異性，所以特別提出來與讀者諸君分享彼此的生活經驗，希望藉此而逐步累積成為讀者個人的一套理念與哲學，當然在使用的同時只要掌握心術為誠正及話術之寬簡，則技巧之運用自會形成一種極佳的論證。

歷史傳承之經驗

人們必須要在溝通中去認識大千世界，同時也從溝通中讓自己的想法得到印證與發揚。所以無論是誰，只要能在溝通中建立起良好的人際關係與排憂解難的方法，就越能使自己在生活中得到歡愉、溫暖、希望和信心，同時也相對地增加自己的處世智慧和力量。

孟子云：「不得於心，勿求於氣，可。不得於言，勿求於心，不可。」當然生活在法治的社會中，誰都渴望自己能夠與周圍的人們維持和諧而融洽的關係，但是今日爾虞我詐的現實環境，究竟要如何才能將這種願望實現呢？筆者將從以下歷史溝通致勝的經驗中尋求一些基本溝通技巧的原則：

一、忍耐

在溝通的過程之中，耐心是首要且不可或缺的一劑良方，因為一般人們的溝通活動，實質上是一種互動式的推敲過程。而在這整個過程當中，站在溝通的一方如何能打動對方的心意，如何引動對方顯現溝通的意識，以達到自己所欲達到的溝通目的，這點可從以下的故事獲得印證：

以中國家喻戶曉的劉備三顧茅廬的故事為例，正是表現了劉備異於常人的忍耐力功夫。首先當其禮賢下士的一顧茅廬時，孔明卻避而不見，此時便惹火了脾氣暴躁的張飛，但是劉備卻只淡然地說道：「此子乃當世之大賢，豈可招手即來呢？」；所以不辭辛勞地二顧茅廬，孰料孔明又藉故避而不見，這時連老成持重的關羽也耐不住性子，可是此時劉備仍然胸有成竹的表示道：「為使孔明知我殷勤之意，將再前往拜訪」；然而當其三顧茅廬之

際，孔明依然高傲地仰臥草堂，讓劉備等三人拱立階下達數個時辰之久，可是劉備此時卻擁有異於常人的「耐心」，繼續毫無怨言的等待著這位當世大賢，而也因此一耐心終於贏得孔明欣然出山輔助其成就三分天下的帝業，所以才會有那流傳萬世之佳言謂：「鞠躬盡瘁，死而後已」。

試想，如果劉備像張飛或關羽那般毫無耐心的話，歷史上還能存有那「定三分天下的隆中策略」嗎？

所以成功的溝通者，往往非常在意其耐力的自我培養。忍耐的反面是「急躁心浮而識淺」，而它正是溝通中的最大敵人；一個人的耐心，在平素的生活上便已展現其重要性且是不可或缺的。

這點在猶太人的名言中及其做生意上得到印證，其名言謂：「在忍耐中攫取到更多的財富」，這是猶太人在歷經二千多年被迫害的歷史中，所吸取到非常具有價值的經驗談。由於過去猶太民族，長期受到阿拉伯世界的迫害，所以養成了他們善於忍耐的性格；而這性格又為他們，與其他民族在打交道時帶來了應對上的絕對談判優勢，這一點可從日本人害怕與猶太人做生意的事實窺見一斑。

因為猶太人在進行商務洽談時，始總是保持笑容可掬的樣子，儘管這些洽談過程當中大都不很順利。不過就從第一天的談判不歡而散後，一直到次日他們仍然保持笑容可掬地道聲：「早安」而且從容不迫地進入會談場所；可是相對地日本人卻很難從昨天吵架的餘怒情緒中掙脫出來，於是他們不是對猶太人置之不理，就是感到難為情。

即使這些日本人能夠一面假裝保持平靜，另一方面仍舉手打招呼，但此時他們內心的衝動卻很難再隱蔽得住。而這情形便等於上了猶太人的當而不自知，所以使猶太人時時掌握著主動權。

所以當日本人從動搖不定、心亂如麻的困境中清醒過來時，為時已晚而已經不得不依從對方的條件[1]。

二、資訊之蒐集

任何的溝通過程中，資訊的廣泛蒐集是必須要特別注意的，因為唯有對問題充分的認知，才能夠迅速地進入狀況，而使本身立於不敗之地，否則對於對方所提出的一些爭點，將會因資訊的缺乏而顯得手忙腳亂不知如何應對，本書是從法、理、情的角度去看待每一件協商、談判與溝通，由這種點、線、面的結合，將會使問題單純化與簡捷化。

我們就拿一般打官司來說，甲公司向乙公司訂貨後，由於自己對市場的評估錯誤而拒絕履行支付貨款，此時甲公司便利用各種技巧想要退貨，然而在商言商，這種自己錯誤卻仍想要抵賴的作法，事實上在情理上根本說不過去，而他執意興訟的舉措，更似乎讓自己陷於絕境的地步；依法言法，其法律輸面已經形成，如果此時能夠先行與乙公司進行協商、談判與溝通，將可能的危機轉換成商機，這何嘗不是一種直接而有效率的處理事情方法。

而一些公司執意興訟的結果，不僅讓自己在商場之商譽盡失，更可能使自己陷於泥沼中而無法自拔；因為此時乙公司亦擔心貨款拖欠所造成的損失，所以經常會協助甲公司尋求解套之道，可惜的是甲公司只見近利而忽略了去瞭解對方意欲如何，以致越陷越深而造成更大的傷害，這點可為未來想要踏入商場上之人引以為戒。

三、聆聽之重要

「談判的過程中有75％的時間是在心靈中的聆聽」。因為談判

The Law and Life
➤法律 與人生

就是將雙方的問題提出來在檯面上溝通，此時往往會因一時的疏忽而將爭執的重點遺漏，如果無法把握這一時點的話，那麼所有的事前準備都將功虧一簣，因而如何專注的聆聽，便成會談判經驗者一再提出作爲談判的重要因素之一，因此之故懂得談判的人一定非常重視聆聽，所以有經驗的談判者便會爲自己創造出一個良好且有適當氣氛的環境，以免在進行談判中受到任何外在的干擾或中斷。

其次主動的聆聽，必須配合心情的輕鬆，然後再加上保持冷靜，暫時不要對任何問題強下任何未經思考的評斷或臆測，否則您可能會因一時的衝動而迷失了理智，甚至因爲所表現的氣勢過於強硬而被對方認爲未受到尊重等等，這些問題都必須要加以注意及避免，如此才能達到彼此的共識與眞正的解決爭議。

四、拒絕之辦法

談判過程中，首先要面對的便是雙方的爭執，而此一爭執往往是問題的關鍵，譬如甲、乙因傷害案想要進行談判，此時受害的一方往往會要求一筆讓對方感覺到壓力的賠償，如果加害方沉不住氣，一口回絕的結果，必然是撕破臉而走上訴訟一途，然而談判的重要此時便展現其精妙處，透過轉換（將焦點模糊並加以催化），例如以家境狀況等；其次用暗示、較爲含蓄的方式，例如我在回去考慮一下等，反正拒絕必須在不引起更大紛爭的這個前題下，儘量少用斷然地語氣，因爲既然要談便應該建立良好的談判氣氛，不論是現在或預留後步都是一樣的重要。

談判應有的心理準備

有道是「知彼知己，百戰百勝」，凡事一經發生爭執點時談判

之雙方，就必須要試著瞭解可能會面臨的各種狀況，首先是否衡量過自己的談判籌碼；其次是衡量對手的談判籌碼，如此才能夠適切的拿捏尺度分寸，而獲致我們所將預期的成果。

同時談判講究信用，就像夫與妻所訂協議契約，約明日後妻如受夫不堪同居之虐待提起離婚之訴時，夫應給妻生活費一千元者，嗣後妻因受夫不堪同居之虐待提起離婚之訴時，苟夫之經濟狀況無重大變遷，自有向妻照約給付之義務[2]。

對方擁有那些訊息：法律的立場、事實的真相、是否有隱藏一些事情、談判角色的經歷等。

我方擁有那些力量：法律的立場、事實的真相、解決問題的構想、技巧是否能夠說服對方等。

當考量以上問題後，探究雙方的實力是否衡平、有無相同點、歧異點在何處、面對衝突時又該如何化解等重點。

透過以上的問題分析後，接下來談判者必須開始作出適當的計畫，以便能從異同中，找出理想、合理及可容忍的範圍，如此雙方才能擁有完整的談判伸縮空間，否則任何談判若只是堅持一個固定的底線，勢必會直接面臨破裂的局面。當然談判的重要點便在於雙方必須認知，不要在毫無所得的情況下給與任何無益的代價，就像我們在人生當中教導孩子一樣，如果孩子要求購買玩具，身為父母的便一味的買給他們的話，以後便會形成予取予求的狀態，此時如果適度的給予條件上的限制，小孩便不會無理取鬧，這點用在生活、商業及法律的談判上，均會有異曲同工之妙。

記得筆者有一次在協調一件車禍事故時，雙方的爭執一觸即發，此時加害者一方的家長適時的提出建議，自認問題的造成是因為其子的過失，所以本身自然應負責任，但是整件事情的經過

尚有應負責之人，其子所願及所能負擔的條件是什麼，希望對方能夠體諒等等，此時受害者的態度明顯緩和下來，由此可見當自己錯誤時，如果勇於認錯並說出問題的癥結點時，雙方的談判才能夠平心靜氣的共商問題及解決之道，否則一方指責；一方不肯認錯，勢必被迫走上法庭之後，雙方所浪費的時間與精力，將得不償失。

當然在預備談判之時，必須要明白人性的醜陋面，記得筆者曾經參與一場損害賠償之談判，在整個過程中，受害者一直有意願與對方協談，然而加害方卻表現出一再拖延的態度，並對整個協調的條件一再提出無理的質疑，因此雙方最後仍然走上法庭，可是法官辦案的自由心證立場卻仍然是以和為貴，因此庭期一延再延，希望雙方能夠自行達成和解，可是就在這段期間內，加害方便一方面利用假造債權的方式申請法院裁定；另一方面則利用法官勸和態度而一直敷衍著，一直到法官也無法等待時，加害方的假債權此時也透過法院裁定確立，結果受害方卻在相信司法公正的前提下，任由對方脫產而連一毛錢都拿不到；因此奉勸讀者與其相信客觀法律的公正，還不如相信自己即時要來得實際。

由以上的說明我們可以很清楚的知道，解決問題的方法有很多種，所以解決問題絕對不能只是採取零和或單純的整合談判方式。

何謂零和或整合的談判呢？這在一般講談判的書籍中經常被引用，大意是一個柳丁分給小孩後，兩個小孩因為分配的問題而爭執不下，因為這是零和的談判，所以最後一人一半的高興收場，但是一個小孩將柳丁剝皮而用果肉去打果汁喝；另一個小孩則是將果肉挖掉而用果皮磨粉來烤麵包。

於是因為兩個小孩都未物盡其用，所以談判專家便又提出雙

贏談判法：「利益談判法」（每個小孩都分別拿到果肉與果皮）與「談判議題整合法」（不要只談柳丁，而是將許多議題同時拿出來談，如此才能在其中進退得到滿意的結果）。

不過上述這些談判法只是一種技巧，難免涉及硬碰硬的局面，所以如果加入法律概念的折衝取捨，相信更能夠在其中取得迅速的平衡點。

畢竟在司法判決無法令人信服之前，透過「以和為貴」的方式，未嘗不是另外解決問題的契機！

同時判決於量刑時，將會就當事人之犯罪情節及犯罪後之態度，是否已與被害人家屬成立和解，以及雙方財力而為賠償損害等一切情狀，予以綜合考量，並依累犯及自首之規定加減其刑後，在法定刑內予以科處其刑，此點對於一些過失造成的損害，將因此而有緩刑的機會，特一併在此提出供參考。

最後有關公司經理人有為公司為營業上所必要之一切行為之權限，其為公司為營業上所必要之和解，除其內容法律上設有特別限制外，並無經公司特別授權之必要，此為經理權與一般受任人權限之不同處[3]。

第三人協調之角色扮演

透過第三人協調並非萬靈藥，但卻是不得不的辦法中不能漠視的一環。協調之人往往藉著控制談判雙方互動作用的方式，來促成協議之達成，同時第三人必須要有悲天憫人的情懷來面對雙方。

因為他們也可能會直接參與草擬雙方協議之內容，但是談判的直接當事人卻有權決定要不要接受此一協議。雖然協調者介入是一種談判干涉的策略，但並非是一帖絕對的萬靈藥，一切端視

協調者所抱持處理事情的態度，及其本身經驗與專業性來加以判斷。

因為所謂協調的作用，通常便是在設法協助雙方能夠彼此讓步，或者是幫助雙方在次要的利益衝突中尋求達成協議的可能性，所以居中協調者本身務必須瞭解雙方的意欲為何？如此才能在異中求同，達成協調者所扮演的角色。

如果談判雙方真的懷抱敵意且一直無法妥協的話，即使安排再多次的協調也是無濟於事，而回天乏術。筆者以曾經見過以下之兩個個案供讀者參考：

有次一位法官在法庭上協調一件糾紛時，因為洞析雙方是基於意氣之爭，所以對彼此賠償的差距兩千元始終爭執不休，此時只見法官從容不迫地從自己的口袋中拿出兩千元道：「你們的差距我來填補，這樣行了吧！」結果當事者雙方不好意思的握手言和，愉快的離開法庭。

筆者在當中間調人時，在協調一椿債權債務之糾紛，因為甲方在對方的房子上設定第二順位抵押權，而乙方積欠甲方一百五十萬，但始終不肯還錢，所以甲方要拍賣房子求償。不過該房子透過拍賣，甲方是一毛錢也拿不到，於是經過筆者從中協商，乙方願意先還八十萬，其六十萬分十二期還，但前題是甲方要同意塗銷抵押權，筆者評估後也知道對方分期付款的部分可能拿不到錢，但至少比拍賣的結果好，於是建議甲方接受，甲方同意後又反悔說，寧願讓乙方一無所有，也不要拿回那八十萬，如果讀者您是甲方，您會如何決定呢？

在透過協調者進行的談判中，有時候談不攏，反而會被認為比勉強同意任何一項協議，對雙方當事者來說要來得有利的多。所以當事者本身必須要有判斷的能力去分析雙方當事者的意圖，

什麼時候該接受對你最有利的協議？什麼時候該斷然拒絕並離開談判桌？不過很可惜的是很少有人在氣頭上能夠有此見地，這時協助參與的人便顯得格外重要了。

記得有一次有一場商業談判，雙方當事者對貨款給付並無異議，只是針對利息的起算有爭執，結果雙方當然不歡而散，後來筆者遇到貨主這一方，聽他陳述整件事情經過，筆者便不假思索的告訴他：「先就貨款部分達成協議，利息部分改日再議。」當時該貨主一時無法認同筆者的看法，結果後來事實證明，對方在事情經過後便避不見面，雙方最後纏訟經年仍無法解決此一財務糾紛。

然而要作出上述決定的時機並不容易，因為若沒有第三者的存在，便無法理智地改變談判雙方原本的互動關係。當然事情也有例外，例如在一個離婚的協調中，男女雙方常會認為協調者的所作所為，就是要讓雙方在離婚同意書上簽字，並不是真正地關切爭議的內容與雙方的性格差異度，此時居中者並非作為雙方歧異的諮商者，所以有時候在離婚談判前，先經諮商，比一下子便進行離婚協調要來得妥適些。

因為協調者具備這種特殊的影響力，所以讀者更應該牢記，任何協調者的目標，究竟只是為達成一種協議而存在，或者是真正的深入核心去解決問題。

所以不論這個協議對當事人是否有利，在選擇協調者時，應該考慮其是否具備讓雙方妥協的條件，亦即在正面議價區域時，增加當事人得到整合性或擴張協議的機會；在負面議價區域時，勸告當事人不要接受或壓制當事人不要意氣用事的專業協調者。

不過很不幸的，協調並不會每次都符合理想。大部分的協調者有時為美化某項協議，常會嘗試說服雙方同意，因此經常影響

了解決爭議的過程而成為主事者。例如，在雙方勢力非常不平衡的談判中，協調者會用以下三種策略，誘使雙方達成協議：第一、使雙方各讓一步。第二、使勢力較強的一方讓步。第三、使較弱的一方讓步。

上述三種協調策略都可能讓談判奏效，所以協調者便會盡可能地選擇抵抗最少的一種方式，以便達到任何一種協議的結局，像以弱方的利益為妥協條件、明顯偏袒一方的讓步，或者讓較強的一方讓步來平衡雙方的形勢，或者達成一種看起來平等，但卻不見得是理性的讓步等等，這些都是協調過程中必須要明白的一些關鍵問題。

過去在法庭中，法官魯仲連曾經以宗教觀來說服苦主，表示死是一種消除業障，而肇事者本身目前能力只能到這樣，如果苦主一定堅持，法官也只好判他去關，如此一來苦主將新增業障，反倒不好，最後苦主方同意以該能力範圍內之金額，達成和解，方使一段恩怨化為平和收場，此未嘗不是一種功德。當然最怕的是一些人蓄意騙人錢財，拒絕還款，或者目的在騷擾對方時，如果再加上一些不肖法律人從中協助，反而使事情更複雜，這點著實令人感到無法理解，這些人所造的業，將來自己究竟該如何去收拾呀！

第二節　調解

現行法律制度下，為了排解紛爭，避免過度興訟所造成的司法浪費，所以透過立法來制定各類調解程序，以便能夠在第三者的協調排解下，讓彼此之爭點獲得妥協，而更白話的說法便是

「兩邊說話，勸人平息紛爭」，因此特別制訂各類調解條例之適用法，供民眾參考應用在整個生活的和解環結當中。

時效因聲請調解或提付仲裁而中斷者，若調解之聲請經撤回、被駁回、調解不成立或仲裁之請求經撤回、仲裁不能達成判斷時，視為不中斷（參民法第一三三條）。

訴訟前之鄉鎮市調解委員會

一、調解會之性質

乃各鄉鎮市政府及院轄市區公所設置調解委員會，免費調解其區域內之人民糾紛、勸解讓步以減少訟源為基礎，而調解成立後移送法院審核後，與確定判決有同一之效力。

二、調解範圍

1.一般民事事件，均可馬上調解，但以下事件不在此限：
　　(1)婚姻之無效或撤銷，請求認領等。
　　(2)違背民法七十一條強制或禁止規定及七十二條公序良俗之規定。
　　(3)假扣押（處分）、公示催告、宣告死亡及禁治產宣告等事項。
　　民事事件只要當事人同意，且在判決確定前調解成立，並經法院核定，即以調解成立時擬制發生撤回效力。刑事事件則限於第一審辯論終結前之告訴乃論之罪者為限。
2.聲請超過法定利息者。
3.關於租佃爭議事件。

三、聲請方式

　　由當事人向所屬區域內之調解會以書面或言詞提出聲請，且不論以言詞或書面提出，均須概述事件概要。

四、注意事項

　　依民、刑事訴訟管轄原則及調解自治之特性，得合意指定，並經調解委員會同意，即可提出聲請。調解之結果，內容務必明確，以免將來再生爭議時，仍須另行起訴請求之弊病。

　　依鄉鎮市調解條例成立之調解，業經法院核定，即令有得撤銷之原因，在提起撤銷調解之訴，並得有勝訴之確定判決以前，仍得據此調解書為執行名義，聲請法院強制執行。

起訴前之法院調解

一、法定及聲請

1. 聲請調解：原則上當事人得於起訴前聲請調解。
2. 法定調解：凡屬簡易程序之民事訴訟事件、離婚之訴與夫妻同居之訴、終止收養關係之訴。

　　自法院或其他調解機關調解不成立時起，已經過一年者，在其起訴前。有適用簡易程序之合意，而當事人逕行起訴者，經他造抗辯後，視其起訴為調解之聲請。

　　債務人對於支付命令於法定期間提出異議者，支付命令失其效力，以債權人支付命令之聲請，視為起訴或聲請調解。例外無庸先行調解之事項：

1.依法律關係之性質，當事人之狀況或其他情事可認爲不能調解或調解顯無成立之望者。

2.經法定其他調解機關調解未成立者。

3.因票據涉訟者。

4.係提起反訴者。

5.送達於被告之通知書，應爲公示送達或於外國爲送達者。

二、調解應行注意事項

1.當事人經法院通知調解後須準時到場，俾免被處罰鍰（調解不用開庭之形式）。

2.兩造當事人各得推舉一人至三人爲調解人，於調解期日到場協同調解。

3.調解程序中，當事人所爲之陳述或讓步，於調解不成立後起訴者，不得採爲裁判之基礎，故當事人於調解程序中，可自由陳述意見及表示讓步範圍。

調解結果成立者，與訴訟上和解有同一效力，可收息訟止爭之效。

不成立者，如一造當事人聲請即爲訴訟辯論，他造並未聲請延展期日，經法院許可後，視爲自調解之聲請時已經起訴。

調解有無效或得撤銷之原因者，當事人得自調解成立之日起三十日之不變期間內向原法院提起宣告調解無效或撤銷調解之訴，而原聲請調解之人，亦得繳納裁判費用就原調解事件合併起訴或提起反訴（參民事訴訟法四一六條，2003年6月25日修正）。

三、調解分割與訴訟上和解共有物之效力

調解成立者，依民事訴訟法第四一六條第一項、第三八○條第一項規定，與確定判決有同一之效力。惟判決爲法院對於訴訟事件所爲之公法的意思表示，調解或和解爲當事人就訴訟上之爭執互相讓步而成立之合意，其本質並非相同，故形成判決所生之形成力，無由當事人以調解或和解之方式代之；從而在調解或訴訟上和解分割共有不動產者，僅生協議分割之效力，非經辦妥分割登記，不生喪失共有權，及取得單獨所有權之效力[4]。

勞資調解

依中華民國憲法第一五四條規定，勞資雙方應本協調合作原則，發展生產事業、勞資糾紛之調解與仲裁，以法律定之。

依工廠法第五十條第一項第二款規定工廠會議之職務：改善工廠與工人之關係並調解其糾紛。

依勞資爭議處理法（2002年5月29日修正）之規定：勞資爭議處理法第九條應向直轄市或縣（市）主管機關（即勞工局）提出調解申請書，或提請勞資仲裁。

調解申請書應載明以下事項（參勞資法第十條）：

1. 當事人姓名、性別、年齡、職業及住所或居所，如爲法人、雇主團體、勞工團體或其他行號時，其名稱及事務所或營業所。
2. 有代理人者，其姓名及住所或居所。
3. 與爭議事件有關之勞工人數及名冊。
4. 爭議之要點。

5.選定調解委員者，其姓名、性別、年齡、職業及住所或居所。

　　勞資爭議調解委員會，應於接到指派調解委員調查，提出之調解方案後，於七日內開會，但必要或經爭議雙方當事人同意者，得延長至十五日（參勞資法第十四、十五條）。

　　調解方案應有調解委員（三至五人）過半數出席，以出席過半數之同意，始得決議作成調解方案（參勞資法第十三、十六條）。

　　勞資爭議之調解之強制執行，參考第四章第二節詳細說明。

　　依刑事訴訟法第四九一條規定附帶民事訴訟無準用民事訴訟法有關調解之規定。故附帶民事訴訟其訴訟標的金額或價額在民事訴訟法第四六六條所定上訴利益額數以下，經裁定移送民事庭，亦毋庸進行調解。

耕地三七五租約爭議之解決

　　出租人與承租人間因耕地租佃發生爭議時，該爭議案件非經調解、調處，不得起訴（參耕地三七五減租條例第二十六條）。例如出租人王維與承租人李辛因耕地租約屆滿，而發生續訂租約或返還耕地之爭議，於起訴前當事人李辛已向該管耕地租佃委員會申請調解、調處，而未成立，則其後無論出租人王維或承租人李辛就該爭議提起訴訟，均應認為已踐行調解、調處程序，而可依法逕行起訴；另外倘若出租人王維主張無租賃，或者承租人李辛主張房屋基地供設工廠而非耕作之用，則係本於其他法律關係而為訴訟標的，則無該條先行調解、調處之適用。

　　首先向當地鄉（鎮、市、區）公所耕地租佃委員會申請調

解，經調解成立者，由直轄市或縣（市）政府耕地租佃委員會給予書面證明。

調解不成立者應由直轄市或縣（市）政府耕地租佃委員會調處；經調處成立者，由直轄市或縣（市）政府耕地租佃委員會給予書面證明。

不服調處者，由直轄市或縣（市）政府耕地租佃委員會移送該管司法機關，司法機關應即迅予處理，並免收裁判費用。

前條爭議案件，經調解或調處成立者，當事人之一方不履行其義務時，他造當事人得逕向該管司法機關聲請強制執行，並免收執行費用（參耕地三七五減租條例第二十七條）。

平均地權條例終止租約之解決

依平均地權條例第七十六條規定出租耕地經依法編為建築用地者，出租人為收回自行建築或出售作為建築使用時終止耕地租約，應由土地所有權人以書面向直轄市或縣（市）政府提出申請（參平均地權條例第七十八條）。經審核其已與承租人協議成立者，應准終止耕地租約；其經審核尚未與承租人達成協議者，應即邀集雙方協調。

承租人拒不接受協調或對補償金額有爭議時，由直轄市或縣（市）政府，依以下規定之標準計算承租人應領之補償，並通知領取，其經領取或依法提存者，准予終止耕地租約。

應補償承租人為改良土地所支付之費用及尚未收穫之農作改良物，另應就申請終止租約當期之公告土地現值，預計土地增值稅，並按公告土地現值減除預計土地增值稅後餘額三分之一給予補償。

在此所謂改良土地所支付之費用，以承租人已依耕地三七五

減租條例第十三條就保持耕地原有性質及效能外，以增加勞力資本之結果，致增加耕地生產力或耕作便利，並以書面通知出租人者為限（參平均地權條例第七十七條）。

耕地租約終止後，承租人拒不返還耕地時，由直轄市或縣（市）政府移送法院裁定後，強制執行之，不受耕地三七五減租條例關於租佃爭議調解、調處程序之限制。

第三節　和解

訟則終凶，古有明訓，凡訴訟者，動輒經年累月，不但荒時廢業，且耗費金錢，縱幸而獲勝，亦往往得不償失。若其敗訴，所受損失，更為嚴重，故於未起訴之先，如有調解之可能，宜先行調解，即令調解不成而至於起訴，在訴訟進行中，如有可以協商之機會（即指以當事人雙方的合意，在顧全雙方利益下，使訴訟全部或一個爭點，嘗試進行疏通），亦須盡力和解。和解之方法有二：即法庭外（訴訟外）和解與法庭上（訴訟上）和解。而此一和解，以當事人間之意思合致而成立，基於和解契約所生之請求權，自係債權而非物權。

同時和解之範圍，應以當事人相互間欲求解決之爭點為限，至於其他爭點，或尚未發生爭執之法律關係，雖與和解事件有關，如當事人並無欲求一併解決之意思，仍然不能因其權利人未表示保留其權利，而遽認該權利已因和解讓步，視為拋棄而消滅，此點必須認識清楚。

另外，和解之賠償金參考內容如次：

1. 一般請求喪葬費、撫養金（依撫養之人數而定）及慰撫金（通常在五十到一百萬元，不過仍需視雙方地位、工作能力及經濟狀況而定）。

2. 車禍的死亡賠償，其私下和解的金額通常在一百五十萬元上下（且根據調查和解金從最高三百六十萬至六十萬均有）。

3. 員警用槍致死案例，其賠償金額包括員警自掏腰包、同仁募款、公家慰問金、奠儀費等名義，約在三到四百多萬元左右。

4. 台中衛爾康大火意外之賠償金約在一百七十萬元。

法庭和解

法庭上和解，即法院不問訴訟程度如何，得於言詞辯論時或由受命推事或受託推事試行和解，和解成立後，訴訟即行終結。而於言詞辯論時試行和解未成立者，當事人一造在試行和解時所為讓步之表示，並非訴訟標的一部之捨棄或認諾，不能以此為判決之基礎。

民事訴訟法第三八○條所謂和解，係指依同法第三七七條至第三七九條成立之訴訟上和解而言，當事人間縱於訴訟進行中成立和解，而非於言詞辯論時或受命法官前為之者，仍屬訴訟外之和解，自無同條之適用。

另外國家賠償法施行細則第四十一條之二規定，賠償義務機關得在機關等級所定金額限度內，逕為訴訟上之和解。

賠償義務機關認應賠償之金額超過前項所定之限度時，應逐級報請該管上級權責機關核定後，始得為訴訟上之和解。

在法庭上和解成立者，與確定判決有同一之效力。亦即審判上之和解，一經合法成立，其訴訟即歸於消滅，除非證明和解本身有無效或得撤銷之原因，當事人自應絕對受和解之拘束，縱令事後發見可受利益裁判之證據，亦不得就同一事件更行主張，法院亦不得就其事件再爲審判[5]。例如妻如果曾以時常受到夫之打罵爲原因，向司法機關提起離婚之訴，並經成立訴訟上之和解，即不得再以和解前被打罵之事實爲請求離婚之理由。

欠缺代理權之行爲應許追認，故代理人在和解當時雖未經特別委任，而一經追認之後，不但該造當事人應受拘束，即對造當事人亦無可請求撤銷之理，然民事訴訟法第三八○條第二項所明定，故因和解係無合法代理權之人所爲，依法應認該訴訟行爲不生效力者，其和解既屬無效，自得基此原因，爲繼續審判之請求。

一、共同訴訟之和解

訴訟物之性質非必須同時合一確定者，共同訴訟人間一部分人之訴訟行爲，其效力與其他共同訴訟人無涉，故其中有二、三人已與相對人就其訟爭事項成立和解，而其他共同訴訟人和解未諧時，法院自得就未成立和解各人之爭執，另予審理裁判。

共同訴訟人中到場之當事人，經未到場之當事人授權而爲訴訟上之和解者，關於和解，即爲未到場當事人之訴訟代理人，其所爲之和解，對於未到場之當事人亦有效力。

共同訴訟人中到場之當事人，經未到場之當事人授權而爲訴訟上之和解者，上訴或抗告係對於法院裁判聲明不服之方法，法院書記官作成之和解筆錄，並非法院之裁判，自不能對之提起上訴或抗告，如當事人對於訴訟上之和解，主張未經合法成立，本

可向試行和解之法院聲請繼續審判（請參閱「和解之撤銷與繼續審判」之說明），如該法院認為和解實未合法成立，他造尚有爭執時，即應以中間判決宣示其旨，就該事件繼續審理，或逕就該事件繼續審判而於終局判決理由中宣示其旨；反之，如該法院認為和解已合法成立時，應以終局判決宣示訴訟已因和解而終結，此項終局判決，當事人既得依上訴方法聲明不服，即無許其對於和解筆錄聲明不服之必要。

和解筆錄如有誤寫、誤算或其他類此之顯然錯誤者，法律上雖無得為更正之明文；而由民事訴訟法第三八〇條，強制執行法第四條第三款等規定觀之，訴訟上之和解與確定判決有同一之效力，民事訴訟法第二三二條第一項關於判決書更正錯誤之規定，於和解筆錄有同一之法律理由，自應類推適用[6]。

是和解筆錄只須具有誤寫、誤算或其他類此之顯然錯誤之情形，法院書記官即得類推適用民事訴訟法第二三二條第一項之規定，而為更正之處分[7]。

二、和解前後之執行

債權人因債務人對於判決確定後成立之和解契約延不履行，聲請按照確定判決執行時，執行法院自應准予執行，即使債務人主張其和解為消滅或妨礙債權人請求之事由，亦只能依法提起異議之訴，要不得謂其和解有阻止確定判決執行之效力[8]。

執行法院就訴訟上成立之和解而為強制執行，應依其已確定之內容為之，如未經和解內容確定之事項，於執行中發生爭執時，除另案起訴求解決外，自不得貿予執行[9]。

和解成立者與確定判決有同一之效力，且得為執行名義，民事訴訟法第三八〇條第一項，及強制執行法第四條第三款定有明

文。故土地登記規則第二十六條第二項所謂確定判決書，應包括與確定判決有同一效力之和解在內[10]。

和解筆錄所載抗告人之耕地優先承租權，其和解眞意如係指對於相對人之租賃契約訂立請求權而言，即與強制執行法第一二七條以下所謂關於行爲之請求權相當，自非不得爲執行名義[11]。

三、和解委任

委任書內僅載訴訟進行上有代理一之全權者，不能認爲已有和解之特別委任[12]。

訴訟代理人有無爲訴訟上和解之權限，及其無權代理之效果如何，應依民事訴訟法決之，不適用民法之規定[13]。

兩造所定委任契約，既定酬金十萬元，包括受任人承辦地方法院、高等法院、最高法院及強制執行等事務之酬勞在內，則上訴人於受任後，雖曾代爲撰狀向台灣台北地方法院聲請調解，充其量不過辦理第一審事務中小部分，在調解程序中，其代理權既因當事人在外成立和解而撤銷，依契約本旨及誠信法則，自只能請求給付第一審事務之酬金，而不得及於全部[14]。

法庭於訴訟或調解程序中，如認爲有家庭暴力之情事時，不得進行和解或調解，但有下列情形則不在此限（參家庭暴力防治法第三十九條）：

1. 行和解或調解之人曾受家庭暴力防治之訓練並以確保被害人安全之方式進行和解或調解。
2. 准許被害人選定輔佐人參與和解或調解。
3. 其他和解或調解之人認爲能使被害人免受加害人脅迫之程序。

庭外和解

　　法庭外和解，即由雙方當事人協商條件，終止訴訟，和解如已成立，即由原告撤回其訴（一般均在條款中註明放棄有關民事上的訴訟權，至於刑事上的訴訟權則須視告訴乃論或非告訴乃論而有區別，前者可，後者否；此關係到當事人可否拋棄之重點問題之所在）；另外在民事執行處成立之和解為訴訟外之和解，僅能發生民法上之效力，並無執行力[15]。

　　債權人縱然已與債務人於強制執行中達成和解，亦非不得繼續為強制執行，因為此項和解屬於一般和解，如其和解有消滅或妨礙債權人請求之事由，債務人自可依強制執行法第十四條提起異議之訴，要非聲明同法第十二條所定之異議所能救濟[16]。

　　審判外之和解，除實際上當事人應受拘束外，在訴訟上並無何種效力，不生一事再理之問題，故關於其內容有所爭執，當然可以再行起訴[17]。

和解之注意事項

　　此種和解因係由雙方當事人，分別依據個人之考量與立場所進行的一種協商，由於無第三人（即法院）居中而很可能形成無強制力的一種空談，因此雙方在擬訂這種協議時，須特別注意如何讓它具有強制力，否則如果仍需經過法院訴訟解決，如此毫無實益之大費周折，顯然必須要再三深思之，因而本文將提供一些協議要點供擬訂和解（協議）書之參考。一般和解或協議不外侵權或違約之損害賠償，或是牽涉離婚之問題，因此解決問題時必須注意問題關鍵，不論侵權違約或離婚中均難以避免金錢之糾葛，因此在毫無法院強制力的情況下，可嘗試採行的模式如次：

1.簽立本票之給付。

2.循公證法規定之強制約款解決。

3.尋求殷實的第三人為保證。

接下來要注意的是有關簽約後是否放棄將來提起訴訟的問題，可放棄民事起訴權及刑事告訴乃論之告訴權，而對刑事非告訴乃論罪則不能拋棄，此點必須注意，當然一般稍微小心的律師均會對刑事事件要求放棄者，應同時簽立撤回告訴狀，以便能夠掌控整個情況，特提出參考。

當事人於審判外就訴訟爭點為和解後，更為訴之撤回，以致訴訟終結者，應受該和解契約之拘束，不得就和解前之法律關係，再行主張[18]。

另外須注意是否法律強制或禁止之規定，或者必須按一定程序履行者，此點在相關問題研究上必須仔細衡量推敲，以確保對方之配合履行。

是否需要公開道歉及衍生的費用如何計算均應載明清楚以免旁生枝節。

履約之詳細日期及利息計算（以上得不再經催告而逕予遵行）、有關違約賠償之懲罰事項，均應載明清楚，最好能附上登記身分證字號，以避免對方將來逃逸時無處追尋之弊。

兩造就系爭工程款所為之和解契約，既附有須經當事人之上級官署核准之停止條件，則其上級官署未予核准，即難謂非其條件不成就，依民法第九十九條第一項規定之反面解釋，自屬未生效力[19]。

夫妻於日常家務固得互為代理人，但本件和解契約之訂立並非日常家務，則夫自非當然有代理其妻之權限[20]，特提供參考。

和解契約當事人固應受其拘束，不得無故翻異，惟當事人兩造若皆不願維持該契約之效力，即應認為合意解除，自不能更依該契約判斷其權義關係[21]。但已經確定判決確定之法律關係，當事人雖不得於裁判上再行爭執，但因在事實上仍有爭執，約定互相讓步以終止之，自屬和解契約，不得謂無民法第七三七條所定之效力[22]。

和解原由兩造互相讓步而成立，和解之後任何一方所受之不利益均屬其讓步之結果，不能據為撤銷之理由。和解契約合法成立，兩造當事人即均應受該契約之拘束，縱使一造因而受不利益之結果，亦不得事後翻異，更不得就和解前之法律關係再行主張。

和解契約以當事人締約當時兩造合致之意思表示，為成立要件，雖一造表意人於其表示意思時，本無欲受其所表示意思拘束之意，苟非此意為他一造所明知，其表示之意思究不因之而無效，即於和解契約之成立及效力，不生影響。

和解之撤銷與繼續審判

訴訟上之和解，為私法上之法律行為，同時亦為訴訟法上之訴訟行為，即一面以就私法上之法律關係止息爭執為目的，而生私法上效果之法律行為，一面又以終結訴訟或訴訟之某爭點為目的，而生訴訟法上效果之訴訟行為，兩者之間，實有合一不可分離之關係。

故其行為如有私法上或訴訟法上無效或得撤銷之事由存在，不問何者，均屬民事訴訟法第三八○條第二項所謂和解有無效或得撤銷之原因，當事人自得以之為請求繼續審判之理由，但當事

人得自和解成立時起三十日之不變期間內請求繼續審判。

　　當事人知悉和解有無效或得撤銷之原因之時期，原不以其和解當時是否到場為據，故如非和解當時所得而知之原因，則縱令當事人本人在場，亦應從其實際得知之時起算，苟為和解當時已得知之原因，則雖本人未到場，而委任代理人為和解，其知悉與否；按之民法第一〇五條規定，亦當就代理人決之，當事人不得以其本人未得知，而主張從本人知悉之時起算[23]。

　　撤銷和解契約之意思表示，依法並無一定方式[24]。例如：

1. 民法第八十八條第一項所謂意思表示之錯誤，表意人撤銷之者，以其錯誤係關於意思表示之內容為限。該條項規定甚明，兩造成立之訴訟上和解，既未以相對人收回系爭房屋以供自住，及開設診所之需，為當事人遷讓之內容，則縱使如當事人所稱，在和解當時，因誤信被相對人主張收回系爭房屋以供自住及開設診所之需為真實，致所為遷讓之意思表示顯有錯誤云云，亦與上開條項得為撤銷意思表示錯誤之要件不符，仍不得執此指該項和解有得撤銷之原因，而為請求繼續審判之理由[25]。

2. 相對人最初起訴，即謂當事人應賠償因遲延移交飼料廠所生之損害，而當事人於和解時，復同意賠償此項損害無異，則當事人之一方對於重要之爭點，並無因錯誤而為和解，不得依民法第七三八條第三款主張撤銷[26]。

3. 和解契約成立後，除當事人之一方對於重要之爭點有錯誤而為和解者外，不得以錯誤為理由聲請撤銷之，此觀民法第七三八條之規定至明，而倘無民事訴訟法第三八〇條第二項之情形，自無繼續審判之可言[27]。

4. 訴訟之和解成立者，依民事訴訟法第三八〇條第一項規定，固與確定判決有同一之效力，惟此項和解亦屬法律行為之一種，如其內容違反強制或禁止之規定者，依民法第七十一條前段之規定仍屬無效[28]。

5. 當事人提出之證明書，雖證明相對人於1965年間曾患有精神病症，但不能證明相對人於和解時係無意識或有精神錯亂之情形，且相對人又未受禁治產之宣告，難認和解有無效之原因[29]。

6. 當事人對於和解請求繼續審判，依民事訴訟法第三八〇條第三項準用同法第五〇〇條第一項及第二項規定，應自和解成立之日起三十日之不變期間內為之，如請求繼續審判之理由知悉在後者，該項期間自知悉時起算[30]。

7. 當事人間成立之訴訟上和解，與確定判決有同一之效力，亦兼有私法上和解之性質，惟於法不能拘束非當事人之相對人，相對人係行使民法第二四四條第二項規定之撤銷權，請求撤銷當事人間因和解所成立之代償契約行為，與民事訴訟法第三八〇條第二項之規定，毫無相涉，不得謂其未備民事訴訟法上開規定有關當事人請求繼續審判之原因，而指其起訴為不合法[31]。

破產之和解

一、破產前之和解

債務人不能清償債務者，在有破產聲請前，得向法院聲請和解。

已依第四十一條向商會請求和解，而和解不成立者，不得為前項之聲請（參破產法第六條）。

債務人聲請和解時，應提出財產狀況說明書，及其債權人、債務人清冊，並附具所擬與債權人和解之方案，及提供履行其所擬清償辦法擔保（參破產法第七條）。

二、商會和解

商人因不能清償債務，依破產法第四十一條向當地商會請求和解，經召集債權人會議可決時，依同法第四十七條之規定，應訂立書面契約，並由商會主席署名，加蓋商會鈐記始為成立，否則不能謂有拘束一切債權人之效力[32]。

破產法第十七條（依同法第四十九條規定於商會和解準用之）所謂不得開始或繼續民事執行程序，係指不許普通債權人單獨另依強制執行程序開始或繼續執行而言，並非謂債權人就其債權是否存在不可爭訟或取得執行名義，自無礙於再抗告人依票據法第一二三條聲請法院為強制執行之裁定[33]。

商會和解成立後，和解之效力因而發生，和解程序即為終結，債務人與債權人因和解開始所受不得開始或繼續強制執行之限制，至此即告解除。本件相對人以其已取得之執行名義，在和解條件範圍內聲請強制執行，自無不合[34]。

和解之聲請遇有左列情形之一時，應駁回之（參破產法第十條）：

1. 聲請不合第七條之規定，經限期令其補正而不補正者。
2. 聲請人曾因和解或破產，依本法之規定而受有期徒刑之宣告者。

3.聲請人曾經法院認可和解或協調，而未能履行其條件者。

4.聲請人經法院傳喚，無正當理由而不到場，或到場而不爲眞實之陳述或拒絕提出關係文件者。

第四節　仲裁

　　仲裁機能之設計上類似法院之判決，而判決必須經過民、刑事三級三審及行政訴訟之二級二審制的繁瑣，因此有所謂的仲裁前置程序之功能設計。而仲裁必須符合：

1.當事人雙方約定爭議交由仲裁，可就現有、將來可能發生之爭議進行仲裁（參仲裁法第一條）。

2.約定由仲裁人一人或單數之數人組成。

3.爭議以依法得和解者爲限。

　　依當事人契約約定進行仲裁，而訂立仲裁契約必須具備以下三要素：

1.當事人所利用的必須爲法定之仲裁機構。

2.仲裁所適用的規則及準據法（須關於一定之法律關係，及由該法律關係所生之爭議）。

3.實施仲裁的地點（當事人未約定，由仲裁庭決定）（參仲裁法第二十條）；仲裁庭應於接獲被選爲仲裁人之通知日起，十日內，決定仲裁處所及詢問期日，通知雙方當事人，並於六個月內作成判斷書，必要時得延長三個月（參

第三章
◆人生考驗篇◆ 協談化爭 ◄

仲裁法第二十一條）。

4.仲裁庭逾上述期間未作成判斷書，除強制仲裁事件外，當事人得逕行起訴或聲請續行訴訟。

其實務流程為：

1.訂有仲裁條款之當事人向仲裁協會提出申請。
2.繳納仲裁費用及選定仲裁人。
3.舉行仲裁詢問，最後作成仲裁判斷（此判斷與法院判決有同一效力，並可依法強制執行）。

仲裁協議，如一方不遵守，另行提起訴訟時，法院應依他方聲請裁定停止訴訟程序，並命原告於一定期間內提付仲裁，但被告已為本案言詞辯論者，不在此限。原告逾該期間而未提出仲裁者，法院應以裁定駁回其訴（參仲裁法第四條）。

當事人得以書面委任代理人到場陳述（參仲裁法第二十四條）。

仲裁庭辦理仲裁事件之文書，進行仲裁而有必要時（如調查證據），得請求法院及其他機關協助（參仲裁法二十七、二十八條）。

時效因聲請調解或提付仲裁而中斷者，若調解之聲請經撤回、被駁回、調解不成立或仲裁之請求經撤回、仲裁不能達成判斷時，視為不中斷（參民法第一三三條）。

仲裁前和解

仲裁事件，於仲裁判斷前，得為和解。和解成立者，由仲裁

人作成和解書。前項和解，與仲裁判斷有同一效力，但須聲請法院爲執行裁定後，方得爲強制執行（參仲裁法第四十四條）。

仲裁之調解

未依本法訂立仲裁協議者，仲裁機構得依當事人之聲請，經他方同意，由雙方選定仲裁人進行調解。調解成立者，由仲裁人作成調解書。前項調解，其調解與仲裁和解有同一效力，但須聲請法院爲執行裁定後，方得爲強制執行（參仲裁法第四十五條）。

外國仲裁判斷之定義

在中華民國領域外作成之仲裁判斷或在中華民國領域內依外國法律（仲裁法規、外國仲裁機構規則或國際組織仲裁規則）作成的仲裁判斷，視爲外國仲裁判斷，經聲請法院承認後，可據以強制執行（參仲裁法第四十七條）。

仲裁人選定

仲裁由雙方當事人選定仲裁人共推第三仲裁人組成仲裁庭，如果不選定，可由仲裁機構或法院選定仲裁人；當事人若懷疑仲裁人不能獨立、公正，可要求仲裁人迴避（參仲裁法第九、十二、十六條）。

勞資仲裁

依勞資爭議處理法第二十四條之規定，調解事項無法成立，經爭議當事人雙方之申請，應交付勞資爭議仲裁委員會仲裁。主管機關認爲情節重大有交付仲裁之必要時，得依職權交付仲裁，

並通知勞資雙方當事人。

依勞資爭議處理法第二十五條之規定應提出仲裁申請書。

依勞資爭議處理法第二十六條之規定，調解不成立之仲裁申請書應載明以下事項：

1. 當事人姓名、性別、年齡、職業及住所或居所，如為法人、雇主團體、勞工團體或其他行號時，其名稱及事務所或營業所。
2. 有代理人者，其姓名及住所或居所。
3. 調解不成立之事由。
4. 請求仲裁之事項。
5. 選定仲裁委員姓名。

雙方申請逕付仲裁之事項：

1. 當事人姓名、性別、年齡、職業及住所或居所，如為法人、雇主團體、勞工團體或其他行號時，其名稱及事務所或營業所。
2. 有代理人者，其姓名及住所或居所。
3. 與爭議事件有關之事業單位、勞工人數及名冊。
4. 爭議之要點。
5. 請求仲裁之事項。
6. 選定仲裁委員姓名。

主管機關應於接到仲裁申請書之日起，五日內組成仲裁委員會（九至十三人）；其仲裁應有三分之二以上委員出席，並經出席委員四分之三以上決議，但經二此會議均無法作成決議時，第

三次會議則取決於多數決。同時仲裁後應於五日內作成仲裁書報直轄市、縣（市）主管機關，送達勞資爭議雙方當事人（參勞資爭議處理法第二十九、三十二、三十三條）。

勞資爭議當事人在仲裁程序中得自行和解，和解成立並應報直轄市、縣（市）主管機關。和解成立，與該法調解成立有同一之效力（參勞資爭議處理法第三十四條）。

勞資爭議之調解或仲裁之強制執行，免繳裁判費及免納執行費，同時法院必須於七日內裁定（參勞資爭議處理法第三十七條）。

聲請強制執行非有下列理由，不得駁回（參勞資爭議處理法第三十八條）：

1.調解或仲裁內容，係使當事人爲法律上所禁止之行爲者。
2.調解或仲裁內容，與爭議標的顯屬無關或性質不適於強制執行者。
3.依其他法律不得爲強制執行者。
4.違反勞資爭議處理法調解或仲裁之規定者。

期貨與證券交易之仲裁

一、期貨交易之仲裁

期貨交易法（2002年6月12日修正）第三條所稱之期貨交易是指依國內外期貨交易所或其他期貨市場之規則或實務，從事衍生自商品、貨幣、有價證券、利率、指數或其他利益之期貨契約、選擇權契約、期貨選擇權契約及槓桿保證金契約。

依期貨交易法所生之爭議，當事人得依約定進行仲裁，爭議當事人不能選定仲裁人、不能依協議指定第三仲裁人時，主管機關得依申請或依職權指定（參期貨交易法第一○九、一一○條）。

期貨業對仲裁之判斷或依仲裁法成立之和解、調解，遲不履行時，除有仲裁法規定的情形，而提起撤銷仲裁判斷之訴者外，其在未履行前，主管機關得命令其停業或為其他必要之處分（參期貨交易法第一一一條）。

二、證券交易之仲裁

證券交易法第二條規定適用範圍是指有價證券之募集、發行、買賣，其管理、監督依本法之規定；本法未規定者，適用公司法及其他有關法律之規定。

依證券交易法所為有價證券交易所生之爭議，當事人得依約定進行仲裁，但證券商與證券交易所或證券商相互間，不論當事人間有無訂立仲裁契約，均應進行仲裁（參證券交易法第一六六條）。

爭議當事人之仲裁人不能依協議推定另一仲裁人時，由主管機關依申請或以職權指定之（參證券交易法第一六八條）。

爭議當事人之一造違反強制仲裁之規定，另行提起訴訟時，他造得據以請求法院駁回其起訴（參證券交易法第一六七條）。

證券商對仲裁之判斷，或依仲裁法成立之和解、調解，遲不履行時，除有仲裁法規定的情形，而提起撤銷仲裁判斷之訴者外，其在未履行前，主管機關得以命令停止其業務（參證券交易法第一六九條）。

仲裁之效力

　　仲裁之判斷，於當事人間，與法院之確定判決有同一效力。仲裁判斷，須聲請法院為執行裁定後，方得強制執行，但合於下列規定，並經雙方當事人約定仲裁判斷無須經法院裁定者：

1. 以給付金錢或其他代替物或有價證券之一定數量為標的者。
2. 以給付特定動產為標的者。

　　同時其效力及於以下之人：

1. 仲裁程序開始後為當事人之繼受人及為當事人或其繼受人占有請求之標的物者。
2. 為他人而為當事人者之該他人及仲裁程序開始後為該他人之繼受人，及為該他人或其繼受人占有請求之標的物者（參仲裁法第三十七條）。

撤銷仲裁之訴

　　有下列各款情形之一者，當事人得對於他方提起撤銷仲裁判斷之訴：

1. 有第三十八條各款情形之一者。
2. 仲裁協議不成立、無效，或於仲裁庭詢問終結時尚未生效或已失效者。
3. 仲裁庭於詢問終結前未使當事人陳述，或當事人於仲裁程

序未經合法代理者。

4.仲裁庭之組成或仲裁程序，違反仲裁協議或法律規定者。

5.仲裁人違反第十二條第二項所定之告知義務而顯有偏頗或被聲請迴避而仍參與仲裁者，但迴避之聲請，經依本法駁回者，不在此限。

6.參與仲裁之仲裁人，關於仲裁違背職務，犯刑事上之罪者。

7.當事人或其代理人，關於仲裁犯刑事上之罪者。

8.為判斷基礎之證據、通譯內容係偽造、變造或有其他虛偽情事者。

9.為判斷基礎之民事、刑事及其他裁判或行政處分，依其後之確定裁判或行政處分已變更者。

前項第六款至第八款情形，以宣告有罪之判決已確定，或其刑事訴訟不能開始或續行非因證據不足者為限。

第一項第四款違反仲裁協議及第五款至第九款情形，以足以影響判斷之結果為限。

註釋

1 　謝進編著，《精妙溝通技巧》（台北：漢欣文化，1996年），
　　頁28-30。

2 　參1939年上字第二四四一號判例。

3 　參1978年台上字第二七三二號判例。

4 　參1969年台上字第一五〇二號判例。

5 　參1928年上字第四號判例。

6 　參照司法院院字第二五一五號解釋。

7 　參1954年台抗字第一號判例。

8 　參1934年抗字第三〇八六號判例。

9 　參1960年台抗字第一三七號判例。

10 　參1967年台抗字第二二四號判例。

11 　參1953年台抗字第一五二號判例。

12 　參1938年上字第二三〇七號判例。

13 　參1941年上字第一二三號判例。

14 　參1960年台上字第一二八號判例。

15 　參1938年抗字第五四九號判例。

16 　參1942年抗字第二六〇號判例。

17 　參1931年上字第一五八六號判例。

18 　參1929年上字第一一二九號判例。

19 　參1955年台上字第五四一號判例。

20 　參1955年台上字第一〇二六號判例。

21 　參1929年上字第三四七號判例。

22 　參1933年上字第二八一九號判例。

23 　參1963年台抗字第六號判例。

[24] 參1943年上字第一九四二號判例。

[25] 參1954年台上字第五七〇號判例。

[26] 參1959年台上字第七三〇號判例。

[27] 參1963年台上字第五〇〇號判例。

[28] 參1966年台上字第二七四五號判例。

[29] 參1969年台上字第三六五三號判例。

[30] 參1981年台抗字第二九一號判例。

[31] 參1982年台上字第一〇〇九號判例。

[32] 參1951年台上字第一五八二號判例。

[33] 參1975年台抗字第五六九號判例。

[34] 參1981年台抗字第四四〇號判例。

人生軌跡
親屬繼承篇

第四章

由於人一生的軌跡是隨時在變換地，所以在品嚐人生的每一個階段都會有不同的味道，但不管是酸甜苦辣，起碼這是屬於自己的人生，如果一切是自己那麼心甘情願選擇的話，就沒什麼好抱怨了。

或許現今一般人對於繼承，只會單純想到或認為是對先人財產的收取而已，但是倘若被繼承人遺留的財產遠低於其負債時，身為繼承人者，如果不在法定期限內聲請「拋棄」或「限定」繼承的話，那很可能會發生「父債子還」的窘境。

什麼叫作「拋棄」呢？什麼叫作「限定」呢？而這些人生的基本常識該如何小心的掌握其中的分寸，正考驗著讀者是否曾經好好的學習這門學科。

台灣之家產自清朝以降即屬「父祖子孫」所構成家屬之公同共有，日本割據後，社會制度並未立即改變，仍然維持家產制度。關於家產分析，通常以鬮分方法為之，故通稱為鬮分，本質上與共有物分割相同，鬮分之效果在於終止共有關係，使各繼承人就其應得部分成為單獨所有人。

最後引用「明心網」彭興庭先生的一篇〈心靈故事的啟示〉作為本章的開端：

> 每天早晨，他總是第一個到校，開門清掃、擦講台，他有時候還插了一束花在講台上，雖然我非常喜歡他，但是我的心思和精力卻更多地用在了調皮孩子的身上，而忽略了他不同尋常的成熟。
>
> 直到有一天，他忽然沒來學校，我才發現除了知道他是個乖孩子外對他一無所知。當天夜裡，我按照地址來到他的家中。他見到我，驚喜而略帶窘迫，那是一間一眼就能望個底朝天的屋子，床上睡著他的父親，他站在我的身旁輕聲說：「爸爸病

了，家裡沒人照顧」，而「幾年前，媽媽就去世了」。

我沉默了很久，那一刻，我十分愧疚，對於一個過早挑起生活重擔的孩子，我卻忘了給予他最需要的體貼和關懷。夜深了，他執意要送我，幽長的小巷只有我倆的身影，他向我講起童年的事：「小的時候，因為我長得矮小，同村的孩子常常欺侮我，我難過得很，覺得自己什麼都比不上別人，個子小、力氣小。那時媽媽還在，看著我悶悶不樂，她說，孩子，去看看我們的菜地吧，那兒開了好多的花。我對媽媽的話半信半疑，我知道我家的菜地是村裡最差的一塊，媽媽費了好大的勁也沒能讓它像別人家的菜園一樣欣欣向榮。可後來我還是去了。真的，見到菜園的一刹那，我簡直驚呆了，我跑回家高興地向媽媽講述我看到的一切，媽媽摟著我說：「孩子，只要努力耕耘，最貧瘠的土地也能開出美麗的花。」

第一節　生命傳承之基本繼承

曾經遇到有一位當事者便因為忽略繼承的這一個問題，導致其多年來辛苦賺錢所購的棲身小屋，在一瞬間被債權人一狀告到法院，在查封拍賣後用以抵償債務而被迫搬離的困境，因此若有繼承的事實發生時，讀者諸君請先別急著高興，因為其中可能存有法律上的隱性危機。因此請詳讀本文，以備不時之需。

據說，三國時期的兄弟鬩牆首推曹丕與曹植，有一天曹丕把曹植召來以後，為了要懲罰他一下，要他在走完七步的時間裡做出一首詩，如果做得出，就免他一死。曹植略略思索一下，就邁開步子，走一步，念一句，隨口就念出了一首詩：「煮豆燃豆

其，豆在釜中泣。本是同根生，相煎何太急。」曹丕聽了，覺得自己對弟弟也逼得太狠，心裡感到慚愧，就免去曹植的死罪。而今日許多因為財產分割而發生類似兄弟爭訟的事件，其實是多麼的可悲與不幸。

另外夫妻之一方死亡時，其生存之一方與第三人間之關係：如姻親關係、扶養關係等依然存在，此觀民法第九七一條、第一一四條第二款之規定自然會明白。倘若夫妻同時死亡時，未成年人之監護人，依法其第一順位是指同居祖父母及外祖父母均包括在內，其次為同一戶籍共同生活之家長，再其次才為未同居之祖父母及外祖父母，此點在考量小孩權利時應特別注意，否則就會向筆者所處理的個案一樣，讓子女成為遺產的受害者，當然父母亦可指定監護人以維護小孩的權益。

「人之權利能力，終於死亡」，其權利義務因死亡而開始繼承，由全體繼承人承受，故關於遺產之法律行為，自當由全體繼承人為之，被繼承人縱令於生前曾授權他人為之，亦因其死亡權利主體不存在而授權關係歸於消滅，自不得再以授權人之名義為法律行為。

其實繼承之真義乃在掌握生命的真正期待是「延續而非死亡」。繼承人有數人時，在分割遺產前，各繼承人對於遺產全部為公同共有，固為民法第一一五一條所明定，惟各繼承人對於遺產所屬之各個權利義務，在分割之前仍有潛在物權的應有部分，繼承人相互間，其權利之享受與義務之分擔，應以應繼分之比例為計算之標準。另根據民事訴訟法第六四〇條第二項所謂因宣告死亡取得財產者，係指以宣告死亡為原因，而直接取得失蹤人所有財產之人而言，如其繼承人、受遺贈人及死因契約之受贈人等，始足當之[1]。

譬如夫以妻爲被告起訴請求確認婚姻不成立，依民事訴訟法第五七二條第三項規定合併提起非婚姻事件之訴，夫或妻於判決確定前死亡者，依同法第五八○條前段規定，關於本案視爲終結，係包括婚姻事件及合併提起之非婚姻事件均應視爲終結，並無承受訴訟之問題；僅於夫合併提起之非婚姻事件之訴，不合於同法第五七二條第三項規定，法院應命分別辯論裁判之場合，當事人於訴訟繫屬中死亡，始得由其繼承人承受訴訟，而無同法第五八○條規定之適用[2]。

一般繼承期限

一、限定繼承

所謂限定是指在繼承財產之範圍內負清償責任，且於繼承開始後三個月內開具遺產清冊呈報法院（如必要得延長），同時如繼承人有數人時，一人爲限定繼承效力及於全體。譬如在訴訟繫屬中，當事人死亡而由繼承人承受訴訟者，該繼承人已繼爲當事人，固爲該判決效力之所及，然其繼承人之地位，並不因此而受影響，從而該繼承人如爲限定繼承人時，仍只就所繼承遺產之範圍內對被繼承人之債務負其清償責任，觀民法第一一五四條第一項規定自明，倘債權人執該判決爲執行名義，對其固有財產聲請強制執行時，限定繼承人自得提起第三人異議之訴，以排除強制執行[3]。

二、拋棄繼承

所謂拋棄則是指完全拋棄繼承之財產，並在知悉得繼承之時

起，二個月以內爲之，如已逾二個月期間，即不生拋棄的效力。所謂知悉得繼承之時，指知悉被繼承人死亡事實之時，後順位之繼承人因先順位之繼承人拋棄繼承，而得爲繼承人者，於知悉先順位繼承人拋棄繼承之事實時。

拋棄繼承，係就被繼承人全部遺產，爲拋棄繼承權之表示，不得專就被繼承人之某一特定債權爲繼承之拋棄，不但拋棄全部繼承權，同時也拋棄了遺產稅的扣除額權利。另外值得注意的是遺產贈與稅法第十七條第一項第六款之農業用地免稅之援用，而所謂農業用地依遺贈稅施行細則第十一條係指：「供農作、森林、養殖、畜牧及與農業經營不可分離之農舍、畜禽舍、倉儲設備、集貨場、曬場、農路、灌溉、排水及其他農用之土地，但不包括於繼承或贈與時已依法編定爲非農業使用者在內。」

因爲依法有繼承權的繼承人，如果實質爲拋棄繼承，但因「節稅」規劃或其他考量未引述民法第一一七四條拋棄繼承權，要注意仍須負擔繼承的「義務」，以免萬一發生類似其他繼承人欠稅或被迫繳鉅額稅負時，自己不但沒有獲得遺產，最後還必須賠上名下財產，如此得不償失的繼承人（兒女）將因此大意而失荊州。

遺產分割

民法關於遺產之分割係採「移轉主義」，由繼承人全體相互移轉其應繼分，使各繼承人就分得之遺產取得單獨所有權；同時土地法第七十三條規定：「繼承登記，得由任何繼承人爲全體繼承人聲請土地繼承登記。前項聲請應自繼承開始之日起六個月內爲之。」倘自繼承開始之日起逾一年而未辦理登記者，經該管地政機關查明並公告繼承人於三個月內登記，逾期未聲請得由地政機

關保管九年，逾期仍未登記者，則逕登記爲國有（參土地法第七十三條之一），此點應特別注意。

繼承人協議分割遺產，原非要式行爲，故就遺產之分割方法，於繼承人間苟已協議成立，縱令有繼承人漏未在鬮書加蓋印章，於協議之成立，亦不發生影響[4]。

而在公同共有遺產分割自由之原則下，民法第一一六四條規定，繼承人得隨時請求分割遺產，該條所稱之「得隨時請求分割」，依同法第八二九條及第八三〇條第一項規定觀之，自應解爲包含請求終止公同共有關係在內，俾繼承人之公同共有關係歸於消滅而成爲分別共有，始不致與同法第八二九條所定之旨趣相左，庶不失繼承人得隨時請求分割遺產之立法本旨。

繼承人共同出賣公同共有之遺產，其所取得之價金債權，仍爲公同共有，並非連帶債權。公同共有人受領公同共有債權之清償，應共同爲之，除得全體公同共有人之同意外，無由其中一人或數人單獨受領之權[5]。

第二節　產權歸屬及遺產贈與

不動產物權之善意取得，係指因善意信賴不動產登記，依有效之法律行爲而取得不動產物權者而言。事實上每一個案件因所敵對之雙方所處的立場不同，對於事實的認定亦有明顯之差異，因此很容易產生對立的情緒，而且其問題之關鍵常是沒有絕對之是非對錯，如此一來法官在論斷上便很難形成雙方滿意的共識程度，因此法律的熟悉與技巧的運用程度便逐漸的升高，所以凡事都必須有一可供遵循的方針與模式，故本文特別將生活當中或多

或少必須面對的登記規制與稅制，加以提出說明供參考之。

　　同時若就土地增值稅、遺產稅、贈與稅三稅的稅率來做比較，那勢必以遺產稅的稅率為最低，因而在選擇節稅規劃當然傾向選擇繳納遺產稅為先，至於相關節稅的方式則請參閱第五章第四節「保險與信託」之詳細規劃說明。

不動產之歸屬權

　　原始取得，係就未經登記之不動產，如為起造人，方有原始取得之情形；而所謂登記是指土地法第三十七條及土地登記規則第二條：「土地登記，謂土地及建築改良物之所有權與他項權利之登記。」而土地登記，由土地所在地之直轄市、縣（市）地政機關辦理之。但該直轄市、縣（市）地政機關在轄區內另設或分設登記機關者，由該土地所在地之登記機關辦理之。建物如果跨越二個以上登記機關轄區者，由該建物門牌所屬之登記機關辦理之。

　　而登記機關應備下列登記書表簿冊圖狀：

1.登記申請書。
2.登記清冊。
3.契約書。
4.收件簿。
5.土地登記簿及建物登記簿。
6.土地所有權狀及建物所有權狀。
7.他項權利證明書。
8.地籍圖。
9.地籍總歸戶冊（卡）。

10.其他必要之書表簿冊。

　　夫妻於婚姻關係存續中，夫以妻之名義購買不動產登記為妻所有，是否為妻無償取得之財產，而屬於妻之原有財產？在利害攸關之際，夫妻常互為掩飾，不肯吐露真言，例如夫為債務人時，謂該不動產係夫無償贈與其妻；妻為債務人時，則謂該不動產仍屬夫所有，使債權人難以捉摸，不知所措，似此情形，事實審法院判斷事實之真偽，必須針對個案多方蒐集具體資料，詳加斟酌，以期形成正確心證，而不得任由夫妻隨意主張據為裁判之基礎。妻在經濟活動上，倘以該不動產作為自己所有，以提高自己之交易信用者，應認該不動產係由夫無償贈與而成為妻之原有財產，始與情理相符。

　　另司法院大法官會議釋字第一○七號解釋（已登記不動產所有人之回復請求權，無民法第一二五條消滅時效規定之適用）所稱之「登記」係指依我國法令所為之登記，係指依我國土地法及土地登記規則所完成之不動產所有權登記而言，故台灣日據時期依日本國法令所完成之不動產登記不在此內[6]。

　　同時民法第七五九條所謂未經登記不得處分其物權，係指物權處分行為而言。繼承人簡甲、簡乙代表全體繼承人出賣系爭土地，所訂買賣契約僅屬債權行為。訂約時，即令繼承人未辦畢繼承登記亦不生違反民法第七五九條規定，而使債權契約成為無效之問題[7]。

　　依民法第五五○條但書規定，委任關係因委任事務之性質，並不因當事人一方死亡而消滅。而土地登記之申請行為雖屬廣義法律行為之一種，惟受任辦理土地登記，較諸受任辦理登記之原因行為（如買賣、贈與等）有較強之繼續性，倘受任人係基於委

任人生前之授權，代爲辦理登記，則其登記既與現實之眞實狀態相符合，復未違背委任人之本意，委任關係尚不因委任人於辦竣登記前死亡而告消滅，從而受任人代理委任人完成之登記行爲即非無權代理[8]。

贈與

依據遺產及贈與稅法第二十條規定，下列各款不計入贈與總額：

1. 捐贈各級政府及公立教育、文化、公益、慈善機關之財產。
2. 捐贈公有事業機構或全部公股之公營事業之財產。
3. 捐贈依法登記爲財團法人組織且符合行政院規定標準之教育、文化、公益、慈善、宗教團體及祭祀公業之財產。
4. 扶養義務人爲受扶養人支付之生活費、教育費及醫藥費。
5. 贈與民法第一一三八條所定繼承人之農業用地，但該土地如繼續供農業使用不滿五年者，應追繳應納稅賦。
6. 配偶相互贈與之財產。
7. 父母於子女婚嫁時所贈與之財物，總金額不超過一百萬元。

除上開不計入贈與總額之財產贈與外，贈與人在一年內贈與他人之財產總值超過贈與稅免稅額時，應於超過免稅額之贈與行爲發生後三十日內辦理贈與稅申報。同時根據遺產及贈與稅法第二十二條規定：「贈與稅納稅義務人，每年得自贈與總額中減除免稅額一百萬元。」遺產及贈與稅法第二十一條規定：「贈與附有負擔者，由受贈人負擔部分應自贈與額中扣除。」

表4-1 贈與稅率速算表

贈與淨額 （萬元）	稅率%	累進差額 （元）	贈與淨額 （萬元）	稅率%	累進差額 （元）
60以下	4%	0	500-720	21%	553,000
60-170	6%	12,000	720-1,400	27%	985,000
170-280	9%	63,000	1,400-2,900	34%	1,965,000
280-390	12%	147,000	2,900-4,500	42%	4,285,000
390-500	16%	303,000	4,500以上	50%	7,885,000

耕地三七五減租

　　耕地三七五減租條例第一條規定：耕地之租佃依本條例之規定，本條例未規定者，依土地法及其他法律之規定，則關於耕地經依法編定或變更為非耕地使用時，得終止租約，同條例第十七條第一項第五款及第二項既已設有特別規定，自應優先適用。申言之，耕地租約在租賃期限未屆滿前，經依法編定或變更為非耕地使用時，出租人得予以終止租約，但應給予承租人補償。故承租人請求出租人補償，須以租約經出租人依該條第一項第五款規定終止為前提而已，並非承租人有先為返還耕地義務之規定。另按土地法第三十四條之一第四項所定之共有人優先承購權，僅有債權之效力，非如同法第一〇四條所定之優先購買權及耕地三七五減租條例第十五條第一項規定之優先承受權，具有相對的物權之效力。出租耕地之共有人依土地法第三十四條之一第四項規定行使優先承購權時，雖可簡化耕地之共有關係，惟耕地之所有與耕地之利用關係仍屬分離。而承租人依耕地三七五減租條例第十五條第一項規定行使優先承受權時，則可使耕地之所有與耕地之利用關係合一，裨盡經濟上之效用，並杜紛爭。故承租人此項優先承受權，應優先於共有人之優先承購權[9]。

至於耕地租佃之爭議有兩項原則可供參考：

1. 按承租人於約定主要作物生長季節改種其他作物者固應以約定之主要作物繳租，倘無將耕地全部或一部轉租於他人，或有其他不自任耕作情事，尚不得謂原訂租約無效，此觀耕地三七五減租條例第九條、第十六條第一項、第二項之規定即明。

2. 耕地三七五減租條例第十六條第一項所謂承租人應自任耕作，係指承租人應以承租之土地供自己從事耕作之用而言，若承租人有積極的以承租之土地建築房屋居住，或供其他非耕作之用、或與他人交換耕作、或將之轉租或借與他人使用等情事，固均在不自任耕作之列。惟承租人如僅係消極的不為耕作而任其荒廢，或於承租耕地遭人占用時，消極的不予排除侵害，則僅生出租人得否依耕地三七五減租條例第十七條第一項第四款規定終止租約，或承租人得否請求出租人排除第三人之侵害，提供合於租約所約定使用、收益之租賃物供其使用而已，尚難謂原租約已因此而歸於無效。

遺產稅

遺產及贈與稅法施行細則第十三條所定「被繼承人死亡前，因病重無法處理事務期間舉債或出售財產，而其繼承人對該項借款或價金不能證明其用途者，該項借款或價金仍應列入遺產課稅」，揆其本旨，乃認為被繼承人於死亡前，既因病重無法處理事務，則其繼承人代為舉債或出售財產，當能提出代為舉債或出售

財產所得正當用途之證明，倘無從舉證或舉證而不能令人信其為真正者，該項借款或價金自仍為被繼承人所持有，應列入遺產課稅[10]。

另外應自遺產總額中扣除的項目（查都市計畫法第五十條之一規定「公共設施保留地因本法第四十九條第一項徵收取得之加成補償，免徵所得稅；因繼承或因配偶、直系血親間之贈與而移轉者，免徵遺產稅或贈與稅」）及計算式如表4-2、4-3：

表4-2　免徵遺產稅一覽表

繼承	扣除額
一般免稅額度	七百萬元
被繼承人遺有配偶者	四百萬元
被繼承人遺有民法第一一三八條第一、二順序繼承人	卑親：四十萬元 父母：一百萬元
其第一順序繼承人中有未滿二十歲者，並得按期年齡距屆滿二十歲之年數	四十萬元
被繼承人遺有受其扶養之民法第一一三八條第三、四順序繼承人時	四十萬元
被繼承人遺有受其扶養之民法第一一三八條第三順序繼承人中有未滿二十歲者，並得按其年齡距屆滿二十歲之年數	四十萬元
遺產中之農業用地由繼承人或受遺贈人，繼續經營農業生產者	原則全免，但五年內不繼續者仍應繳納
但由能自耕之繼承人一人繼承，繼續經營農業生產者	扣除其土地價值之全數
被繼承人死亡前六年至九年內，繼承之財產已納遺產稅者，按年遞減	扣除80%、60%、40%及20%
被繼承人日常生活必需之器具及用具之扣除額	四十萬元
喪葬費用扣除額	一百萬元
增訂殘障特別扣除額（包括精神疾病者）	五百萬元
被繼承人死亡前，依法應納之各項稅捐、罰鍰及罰金 被繼承人死亡前，未償之債務，具有確實證明者 執行遺囑及管理遺產之直接必要費用	

表4-3　遺產稅速算表

遺產淨額（萬元）	稅率%	累進差額（元）	遺產淨額（萬元）	稅率%	累進差額（元）
60以下	2%	0	600-1,000	20%	657,000
60-150	4%	12,000	1,000-1,500	26%	1,257,000
150-300	7%	57,000	1,500-4,000	33%	2,307,000
300-450	11%	177,000	4,000-10,000	41%	5,507,000
450-600	15%	357,000	10,000以上	50%	14,507,000

依遺產及贈與稅法第十六條規定，下列各款不計入遺產總額：

1. 遺贈人、受遺贈人或繼承人捐贈各級政府及公立教育、文化、公益、慈善機關之財產。
2. 遺贈人、受遺贈人或繼承人捐贈公有事業機構或全部公股之公營事業之財產。
3. 遺贈人、受遺贈人或繼承人捐贈於被繼承人死亡時，已依法登記設立為財團法人組織且符合行政院規定標準之教育、文化、公益、慈善、宗教團體及祭祀公業之財產。
4. 遺產中有關文化、歷史、美術之圖書、物品，經繼承人向主管稽徵機關聲明登記者。但繼承人將此項圖書、物品轉讓時，仍須自動申報補稅。
5. 被繼承人自己創作之著作權、發明專利權及藝術品。
6. 被繼承人日常生活必需之器具及用品，其總價值在七十二萬元以下部分。
7. 被繼承人職業上之工具，其總價值在四十萬元以下部分。
8. 依法禁止或限制採伐之森林，但解禁後仍需自動申報補

稅。

9. 約定於被繼承人死亡時，給付其所指定受益人之人壽保險金額、軍、公教人員、勞工或農民保險之保險金額及互助金。

10. 被繼承人死亡前五年內，繼承之財產已納遺產稅者。

11. 被繼承人配偶及子女之原有或特有財產，經辦理登記或確有證明者。

12. 被繼承人遺產中經政府闢為公眾通行道路之土地或其他無償供公眾通行之道路土地，經主管機關證明者。但其屬建造房屋應保留之法定空地部分，仍應計入遺產總額。

13. 被繼承人之債權及其他請求權不能收取或行使確有證明者。

另外必須注意新通過之所得基本稅額條例（2005年12月28日公布），該法第二條明訂所得基本稅額之計算、申報、繳納及核定，依本條例之規定；本條例未規定者，依所得稅法及其他法律有關租稅減免之規定。

其中必須注意第十二條規定如次：

「個人之基本所得額」為依所得稅法規定計算之綜合所得淨額，加計下列各款金額後之合計數：

1. 未計入綜合所得總額之非中華民國來源所得，依香港澳門關係條例第二十八條第一項規定免納所得稅之所得。但一申報戶全年之本款所得合計數未達新台幣一百萬元者，免予計入。

2. 本條例施行後所訂立受益人與要保人非屬同一人之人壽保

險及年金保險，受益人受領之保險給付。但死亡給付每一申報戶全年合計數在新台幣三千萬元以下部分，免予計入。

3.下列有價證券之交易所得：

　(1)未在證券交易所上市或未在證券商營業處所買賣之公司所發行或私募之股票、新股權利證書、股款繳納憑證及表明其權利之證書。

　(2)私募證券投資信託基金之受益憑證。

4.依所得稅法或其他法律規定於申報綜合所得稅時減除之非現金捐贈金額。

5.公司員工依促進產業升級條例第十九條之一規定取得之新發行記名股票，可處分日次日之時價超過股票面額之差額部分。

6.本條例施行後法律新增之減免綜合所得稅之所得額或扣除額，經財政部公告者。

　前項第五款規定之所得，應於可處分日次日之年度，計入基本所得額。

　第一項第三款規定之有價證券交易所得之計算，準用所得稅法第十四條第一項第七類第一款及第二款規定。其交易有損失者，得自當年度交易所得中扣除；當年度無交易所得可資扣除，或扣除不足者，得於發生年度之次年度起三年內，自其交易所得中扣除。但以損失及申報扣除年度均已實際成交價格及原始取得成本計算損益，並經稽徵機關核實認定者為限。

　第一項第三款規定有價證券交易所得之查核，有關其成交價格、成本及費用認定方式、未申報或未能提出實際成交價格或原

始取得成本者之核定等事項之辦法，由財政部定之。

依第一項第六款規定加計之減免所得額或扣除額，其發生之損失，經財政部公告者，準用第三項規定。

第一項第二款規定之金額，其計算調整及公告方式，準用第三條第二項規定。

第一項第一款規定，自2009年1月1日施行。但行政院得視經濟發展情況，於必要時，自2010年1月1日施行。

第三節　生活基本常識的養成

曾經聽說有一位律師在承接案件時，都會先行補上一卦以定當事者的吉凶，我們姑且不論是否迷信，換一個角度來看待這件事情，如果卜的是吉卦，那麼他在處理案情時便能先入為主的認為，這場官司應該有勝算的把握而努力去完成他的使命，如果是壞卦那麼就拒接而不用費心而意興闌珊的推託敷衍當事人，這樣不也是兩全其美嗎？這也就是人生觀的「積極」與「被動」的最佳寫照！

「自然人」及「法人」為權利義務之主體，惟非具有權利能力之「團體」，如有一定之名稱、組織而有自主意思，以其團體名稱對外為一定商業行為或從事事務有年，已有相當之知名度，而為一般人所知悉或熟識，且有受保護之利益者，亦應受法律之保障。故未完成登記之法人，雖無權利能力，然其以未登記法人之團體名義為交易者，因而民事訴訟法第四十條第三項特規定此等團體設有代表人或管理人者，亦有當事人能力。至於因其所為之法律行為而發生之權利義務，於實體法上應如何規範，自應依其

行為之性質，適用關於合夥或社團之規定。不能以此種團體在法律上無權利能力即否定其一切法律行為之效力。

　　現代年輕人的生活，一方面由於過度安逸，另一方面由於政治的紛擾對立，因而常自陷於自我放縱當中，同時國內愛滋感染者從2005年以破紀錄的速度快速攀升，根據衛生署估計到年底至少會新增三千名感染者，也使感染總數突破萬人。令人憂心的是，由於吸毒是最主要的感染原因，使女性感染人數呈三級跳，而這些人正值生育年齡，恐禍延下一代。曾經是南陽街的一名補習班數學老師，發現當老師錢難賺，又染上吸毒的惡習，乾脆轉行，擔任證券公司的營業員，想靠業績分紅賺大錢，結果還是不夠用，只好和男朋友一起加入販毒的行業。此情況業已充斥在每個角落當中，甚至還有大學的在學生，因為缺錢吸毒犯下行竊或搶案的情況一再發生，不得不令人擔憂。依據毒品危害防制條例第二條規定：「毒品，指具有成癮性、濫用性及對社會危害性之麻醉藥品與其製品及影響精神物質與其製品。」

　　至於毒品之處罰條例包括以下幾項：

第4條　　製造、運輸、販賣第一級毒品者，處死刑或無期徒刑；處無期徒刑者，得併科新台幣一千萬元以下罰金。

製造、運輸、販賣第二級毒品者，處無期徒刑或七年以上有期徒刑，得併科新台幣七百萬元以下罰金。

製造、運輸、販賣第三級毒品者，處五年以上有期徒刑，得併科新台幣五百萬元以下罰金。製造、運輸、販賣第四級毒品者，處三年以上十年以下有期徒刑，得併科新台幣三百萬元以下罰

金。

製造、運輸、販賣專供製造或施用毒品之器具者，處一年以上七年以下有期徒刑，得併科新台幣一百萬元以下罰金。

前五項之未遂犯罰之。

第5條　意圖販賣而持有第一級毒品者，處無期徒刑或十年以上有期徒刑，得併科新台幣七百萬元以下罰金。

意圖販賣而持有第二級毒品者，處五年以上有期徒刑，得併科新台幣五百萬元以下罰金。

意圖販賣而持有第三級毒品者，處三年以上十年以下有期徒刑，得併科新台幣三百萬元以下罰金。

意圖販賣而持有第四級毒品或專供製造、施用毒品之器具者，處一年以上七年以下有期徒刑，得併科新台幣一百萬元以下罰金。

第6條　以強暴、脅迫、欺瞞或其他非法之方法使人施用第一級毒品者，處死刑、無期徒刑或十年以上有期徒刑；處無期徒刑或十年以上有期徒刑者，得併科新台幣一千萬元以下罰金。

以前項方法使人施用第二級毒品者，處無期徒刑或七年以上有期徒刑，得併科新台幣七百萬元以下罰金。

以第一項方法使人施用第三級毒品者，處五年以上有期徒刑，得併科新台幣五百萬元以下罰金。

以第一項方法使人施用第四級毒品者，處三年以上十年以下有期徒刑，得併科新台幣三百萬元以下罰金。

前四項之未遂犯罰之。

第7條　引誘他人施用第一級毒品者，處三年以上十年以下有期徒刑，得併科新台幣三百萬元以下罰金。

引誘他人施用第二級毒品者，處一年以上七年以下有期徒刑，得併科新台幣一百萬元以下罰金。

引誘他人施用第三級毒品者，處六月以上五年以下有期徒刑，得併科新台幣七十萬元以下罰金。

引誘他人施用第四級毒品者，處三年以下有期徒刑，得併科新台幣五十萬元以下罰金。

前四項之未遂犯罰之。

第8條　轉讓第一級毒品者，處一年以上七年以下有期徒刑，得併科新台幣一百萬元以下罰金。

轉讓第二級毒品者，處六月以上五年以下有期徒刑，得併科新台幣七十萬元以下罰金。

轉讓第三級毒品者，處三年以下有期徒刑，得併科新台幣三十萬元以下罰金。

轉讓第四級毒品者，處一年以下有期徒刑，得併科新台幣十萬元以下罰金。

前四項之未遂犯罰之。

轉讓毒品達一定數量者，加重其刑至二分之一，其標準由行政院定之。

第10條　施用第一級毒品者，處六月以上五年以下有期徒刑。

施用第二級毒品者，處三年以下有期徒刑。

第11條　持有第一級毒品者，處三年以下有期徒刑、拘役或新台幣五萬元以下罰金。

持有第二級毒品者，處二年以下有期徒刑、拘役或新台幣三萬元以下罰金。

持有專供製造或施用第一、二級毒品之器具者，處一年以下有期徒刑、拘役或新台幣一萬元以下

罰金。

　　持有毒品達一定數量者，加重其刑至二分之一，其標準由行政院定之。

第 11-1 條　第三、四級毒品及製造或施用毒品之器具，無正當理由，不得擅自持有。

第12條　意圖供製造毒品之用，而栽種罌粟或古柯者，處無期徒刑或七年以上有期徒刑，得併科新台幣七百萬元以下罰金。

　　意圖供製造毒品之用，而栽種大麻者，處五年以上有期徒刑，得併科新台幣五百萬元以下罰金。

　　前二項之未遂犯罰之。

第17條　犯第四條第一項至第四項、第五條第一項至第四項前段、第六條第一項至第四項、第七條第一項至第四項、第八條第一項至第四項、第十條或第十一條第一項、第二項之罪，供出毒品來源，因而破獲者，得減輕其刑。

　　而談到整個人生旅程當中，便不能不與人接觸，雖然這部分可以在《法律與生活》這本書當中尋找答案，但就本書的完整性上亦不可不提到較為常見的一些觀念問題，希望能夠在人生中有所幫助！

個案討論

1.莊小新現年十八歲，某日走在路上遇到有人向其推銷一隻手機，指稱僅需新台幣一千元，莊小新很高興遂簽訂買賣契約，不料莊小新後來收到帳單要他付新台幣一萬元。莊小新此時向你求助，你會如何建議他？

解答：

依據消費者保護法（2005年2月5日修正）第二條第十一款：「訪問買賣：指企業經營者未經邀約而在消費者之住居所或其他場所從事銷售，所為之買賣。」及同法第十九條規定：「郵購或訪問買賣之消費者，對所收受之商品不願買受時，得於收受商品後七日內，退回商品或以書面通知企業經營者解除買賣契約，無須說明理由及負擔任何費用或價款。郵購或訪問買賣違反前項規定所為之約定無效。契約經解除者，企業經營者與消費者間關於回復原狀之約定，對於消費者較民法第二五九條之規定不利者，無效。」

2. 陳一與發財公司簽立分期付款買賣契約，在契約上並未記載利率為多少，也沒有記載各期應付之款項，因此陳一以為是「免息分期付款」，不料收到第一期帳單後發覺依銀行所要求的每期金額計算，利率竟然高達20％。問陳一有何權利可主張？

解答：

除民法第二○三條規定：「應付利息之債務，其利率未經約定，亦無法律可據者，週年利率為5％。」另依據消費者保護法第二條第十二款：「分期付款：指買賣契約約定消費者支付頭期款，餘款分期支付，而企業經營者於收受頭期款時，交付標的物與消費者之交易型態。」及同法第二十一條規定：「企業經營者與消費者分期付款買賣契約應以書面為之。前項契約書應載明下列事項：(1)頭期款。(2)各期價款與其他附加費用合計之總價款與現金交易價格之差額。(3)利率。企業經營者未依前項規定記載利率者，其

利率按現金交易價格週年利率5％計算之。企業經營者違反第二項第一款、第二款之規定者，消費者不負現金交易價格以外價款之給付義務」。

3. 同上情形，發財公司合約上明定分二十四期付款，如果有兩期沒付時發財公司就可以向陳一請求支付全部的款項，問陳一有何權利可主張？

解答：

民法第三八九條規定：「分期付價之買賣，如約定買受人有遲延時，出賣人得即請求支付全部價金者，除買受人遲付之價額已達全部價金五分之一外，出賣人仍不得請求支付全部價金。」

4. 趙老千向廖小奇買一個古董花瓶，並簽立買賣契約，其中關於花瓶價格在合約中出現五次，分別是新台幣五萬元、新台幣一萬元、新台幣十萬元、新台幣五千元，及新台幣八萬元。問此時依法趙老千向廖小奇購買該花瓶的價格應該是多少？

解答：

依據民法第四條之規定：「關於一定之數量，同時以文字及號碼表示者，文字與號碼有不符合時，如法院不能決定何者為當事人之原意，應以文字為準。」及第五條之規定：「關於一定之數量，以文字或號碼為數次之表示者，其表示有不符合時，如法院不能決定何者為當事人之原意，應以最低額為準。」

5. 趙老千與曾跌先簽立買賣契約，並簽名於其上，不過後來趙老千反悔，主張因為銀行都是要求蓋章才生效為理由，認為他沒蓋章所以該契約不生效。問趙老千的說法有無理

由？

解答：

依據民法第三條之規定：「依法律之規定，有使用文字之必要者，得不由本人自寫，但必須親自簽名。如有用印章代簽名者，其蓋章與簽名生同等之效力。如以指印、十字或其他符號代簽名者，在文件上，經二人簽名證明，亦與簽名生同等之效力。」

6. 廖小奇向趙老千租房子，簽立租賃契約，租期兩年。結果廖小奇剛租不到一年，趙老千就將他的房子賣給李七，這時如果李七要求廖小奇搬家，他有何權益可主張？以及租金該如何處理比較好？請附理由加以回答。

解答：

依民法第四二五條之規定：「出租人於租賃物交付後，承租人占有中，縱將其所有權讓與第三人，其租賃契約對於受讓人仍繼續存在。」而此時如經通知則租金恐發生爭議時，建議提存法院以避免涉入買賣雙方之間未來可能發生的爭訟。

7. 廖小奇所租的房屋發生漏水，當他告訴你這件事時，你會如何建議他保護自己的權益？

解答：

出租人應以合於所約定使用收益之租賃物，交付承租人，並應於租賃關係存續中，保持其合於約定使用、收益之狀態。否則依本題之情形則按照民法第四三〇條：「租賃關係存續中，租賃物如有修繕之必要，應由出租人負擔者，承租人得定相當期限，催告出租人修繕，如出租人於其期限內不為修繕者，承租人得終止契約或自行修繕而請求出

租人償還其費用或於租金中扣除之。」及第四二四條之規定：「租賃物為房屋或其他供居住之處所者，如有瑕疵，危及承租人或其同居人之安全或健康時，承租人雖於訂約時已知其瑕疵，或已拋棄其終止契約之權利，仍得終止契約。」

8.廖小其為無品公司擔任連帶保證人，保證無品公司在天才銀行之現在及以後之一切借款，其後無品公司於7月10日向天才銀行借款新台幣一百萬元。惟：

(1)廖小其後來於9月11日得知，無品公司於8月1日及8月28日分別又向天才銀行借款新台幣兩百萬元及新台幣三百萬元，問有沒有什麼方法可以避免保證責任一直增加？

(2)廖小其後來與無品公司鬧翻，不想繼續為他們保證，問有沒有什麼方法可以免除保證責任？

解答：

(1)所謂連帶保證依民法第七四八條規定：「數人保證同一債務者，除契約另有訂定外，應連帶負保證責任。」及同法第七五四條之規定：「就連續發生之債務為保證而未定有期間者，保證人得隨時通知債權人終止保證契約。前項情形，保證人對於通知到達債權人後所發生主債務人之債務，不負保證責任。」

(2)依民法第七五○條之規定：「保證人受主債務人之委任而為保證者，有左列各款情形之一時，得向主債務人請求除去其保證責任：A.主債務人之財產顯形減少者。B.保證契約成立後，主債務人之住所、營業所或居所有變更，致向其請求清償發生困難者。C.主債務人履行債務

遲延者。D.債權人依確定判決得令保證人清償者。主債
務未屆清償期者，主債務人得提出相當擔保於保證人，
以代保證責任之除去。」

註釋

1 　參1997年台上三二〇七號判例。

2 　參2001年台抗二六六號判決。

3 　參1979年台上七一八號判例。

4 　參1984年台上四〇五二號判例。

5 　參1985年台上七四八號判例。

6 　參最高法院1981年台上字第三一一號判例。

7 　參1985年台上二〇二四號判例。

8 　參2001年台上一九四六號判決。

9 　參2003年台上三九六號判決。

10 　參1986判字四〇三號判例。

第五章

生命尊嚴
責任維護篇

台灣人為了追求成長，為了金錢，可以犧牲生活品質，犧牲健康；而紐西蘭他們要生活品質，為了健康，寧可犧牲金錢，究竟我們該有怎樣的人生觀呢？死亡是人生必然也是必經的路程，有婚姻關係便可能發生一方先走的喪偶結局，或者白髮送黑髮的人生遺憾事件，然而對此卻忽略預先做出正確的抉擇來維護「生命的尊嚴」，造成未來許多爭執與衝突的導火線！

　　一個知名外科醫生突然發覺自己得到癌症，而在尋求治療的過程中，當其他醫生要他住院開刀卻不保證能夠救治的情形下，才突然發覺自己過往對病患是多麼的不堪與殘忍，而重新省思自己的未來。在他的自我反思中，排斥正統療法而尋求使用「另類療法」（homeopathy），這點讓筆者十分感到好奇，當人們因為懼怕逐漸失去鬥志、企圖心的生命力時，便會變得極端地焦躁、憂鬱與不安；尤其當一個人中年以後的健康、精神及記憶上的問題浮現時，經常就會像一個走在暗巷裡的無助者，突然心中會閃過一個念頭，思考著未來會在那裡？有無可能「天不假年」？而後的歲月究竟是該哀嘆殘生？還是能夠有所頓悟釋懷？這一切端視將要如何「明心見性」去洞察「生命的轉換」；如何讓「生命虛無的假象」昇華而毫無窒礙。

　　另外有關台灣現存八十萬不孕症患者，依「人工協助生殖」（assisted reproduction）的技術，而進一步期待「代理孕母法草案」之通過（是指一個女性替代別人懷孕、生產，但所生的孩子要歸還給委託者），然而在考量代理孕母時必須注意到代孕子宮（surrogate，即只提供子宮植入委託夫妻之精卵）及代孕母親（surrogate mother，則是包括本身的卵、委託之精子及子宮）兩者的差異性。前者較無親權的關連，後者就必須加以注意，如果再加上懷孕及分娩時的痛苦及危險等風險在內時，千萬必須加以

深思與探究，特提出來供教學上討論之議題。代理孕母的醫療技術雖已臻成熟，然而代理孕母行為事涉親子關係（請參閱第一章）十分地複雜，並非僅以立法技術即可將代理孕母行為合法化後，來解決其中的關連性，且目前法律尚未訂立而不下任何定論，但可提出供學生在課堂上研究的參考，因為在「代理孕母法草案」未通過之前，按照民法第一〇六五條第二項的規定來看，「生母」也就是「代理孕母」才是孩子法律上的母親。

利用「出生與回到前世」的課程，將可以透過內在感官的觸覺感受到「昨天剛出生，今天便面臨死亡」的奇妙經歷，這種貫穿時空去領悟生命該如何真實完成的體驗，將會讓生命永不死寂的延續下去，這種生命的轉換將使得傳統習俗的傳承變得更加值得珍視與意義非凡。畢竟生死由命，難脫定數，與其汲汲於改變生命變數的宿命，還不如轉換給自己一個享受新生的機會與省思！

如果瞭解中西文化的差異，必然會知道美國父母習慣年輕時即安排好遺囑由律師來做未來的遺產分配，如此可以避免高達25％的遺產稅賦被徵收，可是反觀國內有此認知者，幾乎少之又少，以致發生死後子孫爭產不休的窘境。

或許當人到達一定年齡時，會感受到必須開始面對真實人生——「生老病死」之生命皮相時，便很自然的從外在的毫不在意轉化為內在的隱藏陰霾，因為一旦面對，那突如其來的徬徨及唯恐失去的壓力，往往會立刻打亂思緒，甚至不知該如何面對這一切選擇。人性的試煉莫過於此時此刻！因為也唯有此時此刻方能真正瞭解自身面對死亡的困難感受！

今日許多年逾四十歲的現代人，因為工作逐漸穩定踏實，孩子也漸懂事，父母年事漸高，所以健康開始算帳。或者仍然還未

獲得一生追求的成就，死亡陰影便突然被發現的絕症而蒙上可能的陰霾時，在無形之中就會產生因失望夾雜痛苦的焦慮，或者酗酒、甚至自殺的各種異常念頭，而這種人生的轉折之際，工作、家庭親人、人際關係便需要重新調整與面對，而非逃避。如果是這種家庭中的小孩，應該去體會父母心中沉重的壓力，除了努力向學外，更應該設法分擔父母心中憂慮，此時除了自我心靈堅強的面對挑戰外，還必須好好規劃自己與思考未來漫長人生，這就是人性的仁慈與試煉，這樣才會感受到這些悲痛與難捨的生死局面，也是許多在惡劣環境中成長的孩子，要比在順境中成長的孩子要來得成熟的原因所在。

此時只有真心且積極地面對，才能撫平起伏澎湃的心境及稍稍減輕即將失去的惶恐，不過如果等到此時才想要修習這門「生死學分」，是否還來得及呢？相信聰明的讀者應該比筆者更清楚明白，不是嗎！

第一節　疾病與醫療責任

自有生民以來，人類即飽受各種疾病的侵忿一直到現代，我們也從未停止和疾病搏鬥。瑞典的病理學家Folke Henschen就曾說：「人類的歷史即其疾病的歷史」。的確，從歷史的發展過程來看，疾病（尤其是大規模的流行病）可說不時衝擊著各個人類社會，直接或間接的促成其政治、經濟、宗教、科技和文化的變遷。

新聞事件的主角：「昏迷十四天的邱小妹妹，終究還是無法掙脫死神的召喚，小小生命擊垮了外表莊嚴神聖的白色巨塔，卻

也點燃了醫療改革的希望火苗」。醫改會批評，國內許多醫學院都採取選修的大班制教學，這種八股制式的學習，怎能培育出「視病猶親、仁心仁術」的好醫師，加上連續發生北城醫院打錯針、崇愛診所發錯藥等「藥到命除」事件，顯現醫療品質低落已嚴重影響民眾權益。對此，衛生署應該開始思考如何讓醫師從行醫的過程中，建立應有的醫德。

振興醫院副院長符振中回憶起年輕學醫的歲月感觸良多，他說那個時候眞是名符其實的「住院」醫師，連續幾年幾乎都以醫院爲家，晚上值班，白天還得照常工作，卻忙得無怨無悔、怡然自得。而今許多草莓世代醫師簡直把自己當成上班族。以前主任開刀時，住院醫師總是提早先到，準備相關器械，要是主任晚到了，心中還會暗自竊喜，因爲可以先幫病人動刀，把握每一次練習的機會，這就好像商業週刊有一期報導哈佛醫學院對台灣醫療教育「缺乏倫理及不承認其醫學術養的評價」是相同的道理，頗值得深思與反省。

醫師應該先從做人學起，從最基本的人本教育著手，培養自動自發照顧病人的習慣；另外，身教重於一切，老一輩醫師千萬不可喪氣，應該耐心地指導，爲後輩豎立起「視病如親」的典範，讓年輕醫師傳承行醫救人的耐心熱忱。

醫療法（2004年4月28日修正）有關醫療業務之施行，應善盡醫療上必要之注意（參醫療法第八十二條第一項），另外醫療機構實施手術、實施侵入性檢查或治療、施行人體試驗、診治病人時，均應向病人或其法定代理人、配偶、親屬或關係人說明或告知；在實施手術、實施侵入性檢查或治療、施行人體試驗等情形，並應經其同意，簽具同意書後，始得爲之（參醫療法第六十三、六十四、七十九、八十一條）。另外依醫師法第二十三條與醫

療法第七十二條（包括其人員因業務而知悉或持有病人病情或健康資訊）之規定，不得無故洩露病人病歷，違反規定的醫師可處罰二至十萬元，醫療機構負責人可處罰五至二十五萬元，同時醫師可以關心政治，但是不應以犧牲病患權益為手段，此舉基本上已經違反了醫療倫理，實在不足取。

醫病關係的新認知

醫界主張醫病關係間，因為求醫者的生理、心理條件不同、病情輕重有別、藥物反應又因體質而異、開刀與麻醉的風險更視客觀條件，加上整個醫療行為中眾多的不確定因素，而質疑如何做到零風險的「無安全、無衛生的危險」。而在發生醫療糾紛一定會討論的是：第一、認為醫療行為適用消保法第七條者。例如眾所周知的台北地方法院1996年訴字第五一二五號及台灣高等法院1998年上字第一五一號判決，就馬偕醫院肩難產案，對因肩難產而導致手臂神經叢受傷之嬰兒，負無過失之損害賠償責任。該案經被告馬偕醫院上訴第三審後，最高法院廢棄原判決並發回更審。不過，最高法院於其2001年台上字第七○九號判決文中，就消保法可否適用於醫療行為，並未明白表示見解。第二、認為醫療行為不適用消保法者。例如台北地方法院1998年度訴字第一五二一號之私人診所眼科PRK手術及台灣高等法院2002年上字第二一五號之台大醫院急性細菌性心內膜炎案，為其著名案例。惟應注意者，後者上訴第三審，最高法院2003年台上字第一七四六號裁定，是以上訴理由非表明原審判決所違背之法令及其具體內容，暨依訴訟資料合於該違背法令之具體事實，故屬上訴不合法，而予以駁回。從而，最高法院亦未具體表示消保法不得適用

於醫療行為而做出任何明確的判決與法律見解。

　　然而真正的一切問題，端視醫者心態的拿捏，也就是應該用服務的真意來做實際判別其是否屬於消保法或民法損害賠償的適用範圍，譬如說：

1. 公家醫院醫生在排定支援診療時間外，私自擅受外界醫院情商，至該醫院支援診療，並隱瞞公家醫院而核發不兼業獎勵金，違反其簽署專勤服務之承諾，使公家醫院有關承辦人員陷於錯誤，按月發給其不兼業之基本獎勵金，則依法應負公務員利用職務上機會詐取財物之罪責。

2. 醫生實施燒灼手術之醫療行為（不包括手術後部分）是否有業務上之過失，涉及專門之醫療知識，非有此方面專門研究之人予以診療鑑定，不足以資斷定，自不宜以本件燒灼手術臨床上並非高難度之手術，且醫師有二百餘次成功之臨床經驗等日常生活之經驗法則，即推認醫師對進行兩腋下內視鏡第二、三交感神經燒灼手術時，燒灼被害人之左側第二肋間動脈，造成左側胸腔出血現象，醫師本應注意動脈內血液，衝激力甚強，止血後極有可能衝破燒痂或因呼吸產生磨擦擦破燒痂，而再度出血，應採取各種防範措施，竟輕忽上述傷口再度出血之可能性，而疏未防範措施，未於手術後置留胸管，復未告知及督促護理人員應特別警覺，以及早採取應變措施，而認定本件燒灼手術即有疏失。

　　而刑法第二十一條第一項規定：「依法令之行為，不罰」，係指該項行為在外觀上雖然具備犯罪之型態，而是指其依據法律或

命令所應爲之行爲，在刑法評價上不認有違法性與可罰性，故特以明文規定阻卻其違法而不予處罰而言。例如軍人在戰場上死傷敵軍、警察依法逮捕嫌犯、檢察官依法執行死刑或沒收財產等屬之。又醫師法第二十一條規定：醫師對於危急之病症，不得無故不應召請或無故遲延。此係法律賦予醫師對於危急病患強制診療之義務，旨在保障危急病患得以隨時就診之利益。該項緊急醫療行爲之本身如具備犯罪之型態（如爲傷患麻醉、開刀切除內臟或肢體等），固得依據刑法第二十一條第一項或第二十二條之規定以阻卻違法。但醫師如因履行此項法定強制診療義務時，另外衍生其他觸犯刑章之行爲，例如因醫療過失致病患傷害或死亡、以虛報或匿報急診醫療收入等不正當方法逃漏稅捐，或隱瞞在自宅兼業爲病患診療之事實，而向所屬醫院詐取基本或服務獎勵金等，此乃屬於另一行爲事實之問題，自應依據刑法及有關法律之規定對於該項行爲加以評價及處罰，與該醫師看診對象之病情是否危急，以及其是否履行上開醫師法所規定之義務無關；自不能以其公餘在自宅爲危急之病患診療，爲履行醫師法第二十一條所規定之義務，而認其因此所衍生之其他觸法行爲均屬依據法令之行爲，而阻卻其違法[1]。

法律證據的認定基準

對於基礎法律有關之經驗、論理與證據法則分析如下：

第一、經驗法則（刑事較常使用）：所謂經驗法則，係指吾人基於日常生活經驗所得之定則，並非個人主觀上之推測[2]，譬如說太陽從東方升起。法院依調查證據之結果，雖得依自由心證判斷事實之眞僞，但其所爲之判斷如與經驗法則不符時，即屬於法

有違。

第二、論理法則（民事較常使用）：所謂論理法則，係用以確定事實之證據，必該證據內容或其內容當然推論後之結果，與其所確定之事實在客觀上能相互符合而後採用，若不符即屬背於論理法則[3]。譬如對於親友間之證言必須能夠舉證出其瑕疵，否則不能遽指為必然有勾串而不可採信。

由以上之說明可知經驗法則或論理法則，乃客觀存在之法則，非當事人主觀之推測所能指摘者。

第三、證據法則：所謂證據法則係針對有關證言、證物及判決，必須另提出確切資料以實其說之法律定則。亦即除法律另有規定外，當事人必須提出有利之證據，否則將受不利之判決即是，例如具體的提出不在場證明或有關人證。

證據力係指證據之證明力，亦即證據於證明某項事實之信用價值與足資憑信確認事實的純粹客觀價值判斷力。而此證據力之強弱，法院固有自由判斷之權，惟判斷證據力如與經驗法則有違，即屬判決適用法則不當。證據之證明力（為證據之憑信性及對於要證事實之實質上的證明價值）：

1.依其判斷之論據，按諸通常經驗，並非事理之所無或相互矛盾者。

2.係基於普通日常生活之經驗，而非違背客觀上應認為確實之定則者，即合於經驗法則。

3.證據之本身照吾人日常生活經驗所得之定則觀察，需無疑竇時。

4.證據之證明力如何，仍應受經驗法則與論理法則之支配。

證據能力[4]乃證據資料容許為訴訟上證明之資格，屬證據之形式上資格要件，亦即證據能力是指證人直接作為證據的證供，是否具有法律上絕對具可信度的證明能力，而法院可依此作為自由心證下所採認為判決的基礎。譬如證人甲、乙、丙等或稱親見當事人率領一批逃兵，或稱親眼見當事人指揮逃兵槍斃被害人，或稱親見當事人寫標語宣告被害人罪狀，均係就本人目擊情形而為陳述，至又稱地方上之人都如此說云云，無非再就社會上之傳聞加以證實，並非專就風聞之詞而為單純供述，自與無證據能力之陳述（傳聞證據）不能採為判決基礎者有別，由此可茲比照應用。

第四、相當因果關係[5]：所謂相當因果關係，係指依經驗法則，綜合行為當時所存在之一切事實，所為客觀之事後審查，認為在一般情形之下，有此環境、有此行為之同一條件，均可發生同一之結果者，則該條件即為該結果之相當條件，而行為與結果即有相當因果關係。反之，若在一般情形下，有此同一條件存在，而依客觀之審查，認為不必皆發生此結果者，則該條件與結果並不相當，不過為偶然之事實而已，其行為與結果間即無相當因果關係。此亦即凡可認為係違反或偏離常軌者均屬與該條件與結果並不相當的情形。譬如甲喝醉酒而開車肇事，此喝醉酒及肇事之間即具有相當因果關係即成為本問題之考量點或者甲毆傷乙，乙卻因醫師醫療疏失而致傷口發炎感染而亡，則此甲與乙之死亡即不具相當因果關係者是。對於前開之事例，在現行實務上已有以原因自由行為作為論斷是否有罪的基礎，頗值得注意。

同時在探討行為是否構成犯罪之前，必須研究何者非刑法概念上之行為構成要件（即不具心素、體素和社會重要性），茲分析如下：

1. 自然生理上的反射動作非屬之，但如出於潛意識之自動化則屬之。

2. 睡眠或無意識狀態下之行止不屬之。

3. 受他人直接強制無法行動如被綑綁或因本身無法抗拒而處於自己本身之意識被完全排除的機械性動作。反之若為間接性強制的話則仍屬自身可抉擇的行為。

4. 因外在因素之加入造成者不屬之，例如生病、觸電、注射後痙攣。

5. 因感情衝動直接反應或不假思索而作為的魯莽行止則均屬之，但法律有例外減輕之規定可援用。

第五、醫療犯罪與因果關係：法律學上因果關係採通說之相當因果關係說，而其所謂因果之相當性乃係受法律評價之概念。惟對因果相當性予以評價時，仍需依據自然科學或生活上之經驗法則而為判斷已如前述，至於其是否具有法律意義與價值之原因結果關係，在此種情況之下，法學上之因果關係，每每符合自然科學或論理學上之因果關係，亦即倘無一定之先行事實（因），即無一定之後行事實（果）。而因果關係中斷則譬如醫院之醫療行為介入時，是否中斷因果關係，亦應視其情形而定，倘被害人所受傷害，原不足引起死亡之結果，嗣因醫療錯誤為死亡之獨立原因時（例如使用不潔之藥械致發生細菌感染或與該醫療無關之其他疾病的介入等），其因果關係中斷；倘被害人係因被告之傷害行為引發疾病，嗣因該疾病致死，縱醫師有消極之醫療延誤，而未及治癒，此乃醫師是否應另負過失責任問題，與被告之行為無影響，其傷害行為與死亡結果仍有因果關係。

醫療責任之因果關係

醫療犯之成立除有醫療行為之實施與傷亡之結果發生以外，此二者之間猶須有因果關係存在，此與一般結果犯成立之情形並無不同。惟由於醫療行為所具有之專門性、個別性與特殊性，是以對於醫療犯之因果關係仍有特別予以檢討之必要。茲分別詳述於下[6]：

1. 醫療故意犯之因果關係：行為人在行為之前對於結果之發生與發生之可能性既有預見，並依其認識而為行為之實施，結果亦必然發生，似不因其結果之發生為異常而非正常之現象，而否定其相當因果關係。在此種情況之下，行為人對結果之預見或有預見可能性越高，則其成立故意犯之可能性，自亦越高。醫師由於受醫學教育與訓練之關係，對於疾病、傷害或人之生理，自比一般人之認識為多，如一般人不知被害人患有血友病，而醫師依其醫學上之特別知識經驗，而認識被害人患有血友病，如予以傷害因而導致被害人受傷，血流不止而死亡，則醫師之行為與被害人死亡結果之間，自應認為有相當因果關係。

2. 醫療過失犯之因果關係：惟過失行為須有注意義務之違反，行為人倘未有注意義務之違反，則不成立過失行為，於是行為人所實施之行為與注意義務違反之間，另須有聯絡之關係，亦即倘無注意義務之違反，則不能認為有過失行為之存在，從而行為人必須先負有注意義務，始有可能實施過失行為。醫師對於就診之病人負有醫療上之注意義務，此包括細心診斷、治療、用藥之義務，一有違反而使

病人之病情加重或發生傷亡之結果，則不免被認為其所發生之結果與醫療行為之間有因果關係。譬如如果身為婦產科醫師，對於甫分娩之產婦，因產後所發生之變故危險率甚高，為其所能預見，則就被害人產後所能發生之危險，即負有防止及注意之義務，竟於被害人產後離開醫院返家休息，顯未履行此等義務，致未能及時察覺施以急救，使被害人因而死亡，縱使被害人家屬未立刻告知護理人員，護理人員亦疏未及早發覺，該婦產科醫生仍無解其過失之刑責。

3. 醫療作為犯之因果關係：關於相當性之判斷，如認為所發生之結果屬於一般人無法預見或事先予以預防之不可抗力（事變）所導致，仍不可因有作為而認為所發生之意外結果與作為之間有因果關係。如病人為具有特異體質之人，對於一定藥物有異常反應，認而對於特異體質之人，除詢問其病史之外，即使施以各種檢查每難以發見，則不能由於醫師未先作檢查而為治療行為之實施，則必須對於病人所發生之異常反應結果負責。蓋此項特異體質既難以預見，且其存在為不多見，則其所發生之異常反應屬於異常之結果，對於此項異常之結果，自無法認為與醫療行為之間有相當因果關係。

4. 醫療不作為犯之因果關係：醫療基於法律（強制醫療）、契約（醫療契約），或自己事實行為（進行急救）而對於病人從事醫療行為時，則其負有醫療之作為義務，故除非病人拒絕接受醫療，否則醫師即有繼續治療之義務，不可任意放棄或中止其治療義務，否則如因而引起病人病情加重或傷亡結果時，則不能不負醫療不純正不作為犯之罰則。

5.複數醫療過失犯之因果關係：一個結果係由多數違反注意義務者之過失行為所引起，尚可分別各人均負相同注意義務或各人各負不同注意義務之二種情形。幼兒之死亡雖與父母之延後送醫有關，但猶與醫師失去注意未發現幼兒之病情已相當嚴重而採取急救措施，則此顯然與父母及醫師先後違反注意義務，不無關係。惟父母所違反者一般人所負照顧幼兒之注意義務而醫師所違反者為醫療上應盡照顧病人之注意義務，則其所負之注意義務為特別注意義務，故其違反注意義務之情節，自較為嚴重。尤其醫師倘能善盡其醫療上之注意義務時，則幼兒父母所未盡之注意義務，不致於引起幼兒傷亡之結果或幼兒傷亡之結果有迴避之可能，可見雖有複數因果關係之存在，但仍以醫師之行為與幼兒傷害結果間之因果關係為最嚴重，是以醫師不能不對幼兒死亡之結果業務上有過失致死之責任。

6.抽象醫療危險導致之因果關係：從社會對於行為是否認為危險，以判斷因果關係之有無；對於因果關係之認定，可能予以擴大，亦即其所實施之行為有發生結果之可能，社會對其感到危險，即使結果之發生係由來於偶然之因素，但因其行為已被社會感到危險，則仍應認為其行為對於所發生之結果有因果關係。倘依此說：「醫師之剖腹手術對於被開刀之病人而言，社會莫不感覺病人有生命之危險，故一旦手術失敗，則醫師之手術行為即可認為對病人之死亡有因果關係」。惟若是牙醫為病人拔牙，社會不感覺病人有生命危險，倘若病人因拔牙而死亡，則必須提出特別事證，證明與醫師之拔牙行為有關，方可認定其拔牙行為與病人之死亡有因果關係。

7.蓋然性（或然率）醫療過失犯之因果關係：以蓋然性決定因果關係，勢必擴大因果關係之認定，其情形與以危險性決定因果關係之情形相同，為防止公害或流行病之蔓延而採取疫學的因果關係雖無不可，例如對於藥物公害採取疫學因果關係，俾從寬藥物所造成之公害，然而除此之外，對於醫療犯因果關係之認定亦採用蓋然性之認定方式，將使醫療犯之成立之情形增加，對於從事醫療業務者而言，即為不利。

醫療與非醫療行為之區分

如何界定醫療與非醫療行為：所謂醫師法第二十八條之醫療行為，係指凡以治療、矯正及預防人體疾病、傷害、殘缺或保健為直接目的所為的診察、診斷（處分、手術、病歷記錄及施行麻醉等醫療行為）之結果，並以治療為目的所為的處方或用藥等行為全部或一部的總稱[7]。

至於是否醫療行為的實務認定劃分如下[8]：

1.醫療行為：針灸、電療、中醫把脈、注射針劑、使用吸引器將胎兒吸出之手術、量血壓、施行麻醉、裝配隱形眼鏡、藥酒推拿按摩、洗牙、使用電動理療器、復健、女子美容院設置三溫暖及浴室兼營全身美容以紅外線照射、以儀器設備為近視者作物理按摩以回復視力、穴道按摩及磁鐵構造物對人體之按摩。

2.非醫療行為：斷食療法端視有無為病人診斷情事、穿耳洞、手指受傷之消毒與包紮（如涉及擦藥及換藥則屬醫療

行為）、設攤為人點痣、美容師之紋眉、紋眼線及紋身、單純刮痧而無治療、傳授內功道術方法為人治療陽萎早洩（以上如另有麻醉、診斷之行為則屬前開之醫療行為）。

至於台灣高檢署暨各檢察署研討決議認為「抽血檢驗」與「量血壓」非屬醫療行為，且所謂醫療行為之認定，係指基於醫治或治療時直接涉及可使病情變化之行為而言以觀，在適用上須特別注意。同時針對處方未註明用法致病患服用後昏迷不醒，檢方推翻衛生署醫事審議委員會之鑑定結果，已逐步喚醒社會大眾對於醫師與病患間之醫療糾紛在過往社會及專業地位懸殊的角色下，必須重新換一個角度去釐清並減少糾紛發生之契機。

中國大陸現行刑法的規定

根據中國大陸之刑法第三三五條規定，是指醫務人員由於嚴重不負責任，造成就診人死亡或者嚴重損害就診人身體健康的行為；而犯本罪的，處三年以下有期徒刑或者拘役。至於其討論的分界點則包括以下幾項可供參考：

1. 罪與非罪的界限：在司法實踐中處理醫療事故案件時，關鍵在於區分罪與非罪的界限。具體表現為區分以下界限。
   (1) 醫療事故罪與醫療差錯的界限：醫療差錯，是指在診療護理工作中，醫務人員雖有違反規章制度、診療護理常規的失職行為或技術過失，但未給就診人造成死亡、殘廢、組織器官損傷導致功能障礙的不良後果的行為。醫療差錯，從產生的原因區分，可以分為醫療責任差錯和醫療技術差錯。

(2)醫療事故罪與醫療意外的界限：醫療意外，是指由於病情或者病人體質特殊而發生難以預料和防範的不良後果。它與醫療事故罪都可能發生就診人死亡或身體健康嚴重損害的後果，二者區別的關鍵在於主觀上有無過失。

(3)醫療事故罪與醫療技術事故的界限：中國國務院「醫療事故處理辦法」將醫療事故分為責任事故和技術事故兩類。醫療責任事故是指醫務人員因違反規章制度、診療護理常規等失職行為所致的事故。醫療技術事故是指醫務人員因技術過失所致的事故（參1991年12月31日衛署醫字第九九九一三九號）。

2.醫療事故罪與過失致人死亡罪、過失致人重傷罪的界限在危害結果上基本相同，但其區別在於主體即客觀因素的不同。

第二節　法定遺囑與生前契約

　　當人在物質上享有富裕的同時，就會面臨心靈上禁錮的牢籠，因為當自身汲汲於外在的豪華，卻不知不覺中遁入一道道鐵門、鐵窗、鐵鎖所保全的封閉空間中，生活不再逍遙無拘、灑脫自在，如果任此在紅塵中轉來覆去，那必重蹈社會歷史中血淋淋的「生時無解脫，死後易成仇」的事件。

　　今日社會的病態便一再重演著「遮蔽的天空」── 面對無常時茫然的情節，加上由於文化、教育、宗教、迷信、財產、規制

或者恩怨情仇的糾纏，讓我們在不知不覺中剝奪了那與生俱來「愛」的能力，因而即使在面對即將終結的親人，仍無法打開心鎖釋放出愛心，以致往往造成永遠無法彌補的生死遺憾，總是要在太遲之時才醒悟愛的真意呀！因而人必須瞭解生命有必然的歸宿，面臨盡頭時該如何圓滿與尊嚴，將是必須先行考量的重要課題。

若回到生命的源頭，追求生命的本質，便會發現其實人的生命當中最珍貴的資產，便是我們有選擇權的自由，我們可以選擇恐懼，也可以選擇超越恐懼，只要我們願意重建對於存在的信念，如此我們可以從一些規制當中回歸到人生本然的邏輯思維，掌握所要面對的死亡，而不僅是在意短暫的人生卻填不滿生命祭文時的遺憾。

當生物科技進步到基因解碼的時代，可能會改變生命的維持時，人生目的便需要提升倫理、道德與法律三種層面結合的新制約，而非單純地重新架構非自然的生命（例如無性生殖），否則生命便會毫無依憑，想一想若是在健康的時刻不敢說出自己久藏的祕密，人生充其量不過是在浪費並折騰而已！所以預立遺囑（will）十分重要，而預立遺囑時必須注意的幾項原則：

1.表達對自己生命的回顧。

2.遺物的處理及遺贈事項。

3.醫療照顧的處理及指定醫療代理人。

4.遺體及喪葬事宜，可參考生前契約。

5.遺產分配及指定或委託監護人。

6.財產信託及保險受益人之指定。

7.須滿二十歲以上成年人，始得預立捐贈意願書。

法定遺囑

　　經常與生命對話，觀察生命的變遷與奧妙，設法擺脫那種對於生命毫無意義及價值的自我質疑，與那無力面對生活挫折的心虛之感，不妨追求每個生命階段的「出走」或者放慢生活步調，透過聆聽生命中自己內心世界的聲音，給乾涸的心靈一壺滋潤的泉水，並藉由生命的規約（遺囑、生前契約）及生活省思（安寧照護、財產規劃），提升生活及生命所賴以維繫之尊嚴！

　　因為思考生命的意義與價值之所在，便會讓我們進而努力追求生命之實踐。讓人生當中的相遇，建立在生命流向生命的一種對話觀，是生命走過的智慧交流，這樣才能展現繁華落盡後的真淳與意境，透過這種自然對話讓學習者找到安生立命的真諦。

一、遺囑方式

(一)自書遺囑

　　自書遺囑須準備自書遺囑全文（不可用打字或影印），記明年月日，親自簽名，如有增減塗改，應註明增減塗改之處及字數另行簽名。

　　本人親自攜帶身分證、印章到場簽名。遺囑要準備一式二份以上，因為法院要留存一份。遺囑可以複寫，但不可用打字或影印。

　　需攜帶辦理的文件有：1.遺產權利之證明文件，如房屋權狀、土地權狀、存摺或存單等。2.遺產價值之證明文件，如房屋稅單、土地公告現值證明等。3.全體繼承人之繼承系統表，並附上繼承人與被繼承人關係之證明文件、如戶籍謄本。如有受遺贈

人者，請帶受遺贈人之戶籍謄本。遺囑之內容不得侵害各繼承人之特留分。

(二)代筆遺囑

如果遺囑人不會寫字，可以作代筆遺囑：遺囑人指定三人以上之見證人，由遺囑人口述遺囑意旨，使見證人中之一人兼筆記、宣讀、講解（不可用打字或影印），經遺囑人認可後，記明年月日，由代筆人、見證人全體及遺囑人同行簽名。遺囑人如果不能簽名，應蓋指印。見證人資格須不違背民法一一九八條之限制。

遺囑人、代筆人及另外二位見證人全體均須親自攜帶身分證、印章到場簽名。

遺囑要準備一式二份以上，因為法院要留存一份。遺囑可以複寫，但不可用打字或影印。

需攜帶辦理的文件有：1.遺產權利之證明文件，如房屋權狀、土地權狀、存摺或存單等。2.遺產價值之證明文件，如房屋稅單、土地公告現值證明等。3.全體繼承人之繼承系統表，並附上繼承人與被繼承人關係之證明文件、如戶籍謄本。如有受遺贈人者，請帶受遺贈人之戶籍謄本。遺囑之內容不得侵害各繼承人之特留分。

(三)口授遺囑

應指定二人以上之見證人，由遺囑人口授遺囑要旨，由見證人中之一人將遺囑要旨作成筆記或錄音，要遺囑人因生命危急或其他特殊情形不能以其他方式作遺囑時才可以，遺囑人及見證人均應簽名蓋章，並記明年月日。

(四)密封遺囑

　　須遺囑人於遺囑上簽名，將遺囑密封，於封口處簽名，指定二人以上之見證人，向公證人提出，並陳述其為自己之遺囑，如非本人自寫，並陳述繕寫人之姓名、住所，遺囑人及見證人同行簽名。

(五)公證遺囑

　　應指定二人以上之見證，遺囑人在公證人前口述遺囑意旨，由公證人筆記、宣讀、講解，經遺囑人認可後，記明年月日，由公證人、見證人及遺囑人同行簽名。

　　法院公證遺囑之方式：

1.應提出能證明繼承人與被繼承人關係之戶籍謄本。
2.遺囑或稱遺言，通常以書面作成遺書。
3.遺囑作成後，待春秋百年，始賦予法律效力。
4.遺囑經公證或認證後具有公信力。
5.遺囑人於不違反特留分之規定，得以遺囑自由處分遺產。

二、見證人限制

　　下列情形不得為見證人：

1.未成年人。
2.禁治產人。
3.繼承人及其配偶或其直係血親。
4.受遺贈人及其配偶或其直系血親。

三、公證手續

公證遺囑應先向本院服務處購買公證請求書，填妥後向公證人提出，由公證人執筆遺囑全文。如係自書遺囑、代筆遺囑，要填妥認證請求書連同遺囑向公證人提出。密封遺囑者，填寫公證請求書連同密封之遺囑請求公證人完成法定方式。立遺囑人必須親自到場不得代理。立遺囑人、見證人均攜帶身分證明文件及印章。提出房屋稅單、土地謄本或其他財產價值證明。

四、遺囑效力

遺囑自遺囑人死亡時發生效力。密封遺囑不具備法定方式，而符合自書方式者，有自書遺囑之效力。有封緘之遺囑，非在親屬會議當場，或法院公證處，不得開視。將來立遺囑人逝世後，有關不動產之繼承或遺贈，依照遺囑意旨逕向地政機關登記。遺囑人得隨時依遺囑之方式，撤回遺囑之全部或一部。

生前契約

生前契約是「泛指一個人在世時所簽訂之任何契約行為皆稱之為生前契約，然而在此僅是專指生前為自己或家人的身後事預作安排，也是人生規劃所做的最後一張保單，例如醫療囑託、生前信託、遺囑、殯葬等與業者簽立契約均包括在內，預立生前契約目的旨在避免留給所愛的家人不可預期的財務負擔，同時讓自己也較能坦然面對死亡，並自行規劃人生的終點與尊嚴」。因此在規劃人生藍圖時，透過醫療、意外、壽命、儲蓄型保險等來作為避險工具以避免於不安全及恐懼外，生前契約亦是可以考量的遺囑規劃範圍。

依據殯葬管理條例第二條規定：「生前殯葬服務契約，指當事人約定於一方或其約定之人死亡後，由他方提供殯葬服務之契約。」其與消費者簽訂契約時應遵照同法第四十四條規定：「與消費者簽訂生前殯葬服務契約之殯葬服務業，須具一定之規模；其有預先收取費用者，應將該費用75％依信託本旨交付信託業管理。」及第四十五條規定：「成年人且有行為能力者得於生前就其死亡後之殯葬事宜，預立遺囑或以填具意願書之形式表示之。死者生前曾為前項之遺囑或意願書者，其家屬或承辦其殯葬事宜者應予尊重。」

另外根據公平交易委員會提出：「多層次傳銷『生前契約』成為熱門商品，業者推廣、銷售為期十年之生活護照契約，以提供特定休閒育樂園區之優惠服務，另亦可就已繳納之價金選擇『養生權』，提供健康老人安養照護之服務，行政院公平交易委員會特別指出，該會依據傳銷事業之事前報備資料瞭解，近來有些新興的傳銷商品或勞務，確實頗為特殊，民眾應特別注意其實用性與適法性」。

至於委託業者應注意以下事項：

1. 業者是否屬於合法經營，包括持有營業執照土地使用執照等。
2. 業者財務狀況是否公開透明化。
3. 是否每筆交易均誠實開立統一發票。
4. 契約條文清楚列出，雙方明確簽訂履約內容及約定不得任意變更價錢。
5. 業者所提供的設備、塔位及服務制度是否完善專業。
6. 所購買之契約是否可自由轉讓及使用。

7. 業者是否有永續經營的遠景，是否爲企業集團的經營模式及背景。

8. 業者是否擁有國際的品質認證，服務品質是否有保障。

茲就現行業者提供生前契約之公司參考如次：

1. 寶山生命科技股份有限公司（寶山禮儀股份有限公司、寶山紀念公園）。

   契約金信託銀行：第一商業銀行。

2. 龍巖人本服務股份有限公司（白沙灣眞龍殿）。

   契約金信託銀行：中國國際商業銀行。

3. 金寶山事業股份有限公司（生前契約銷售單位：金寶軒事業股份有限公司）。

   （金寶山）契約金信託銀行：彰化銀行。

4. 國寶服務股份有限公司（北海福座）。

   契約金信託銀行：彰化銀行。

5. 展雲事業股份有限公司〔生前契約販售公司：正合吉國際股份有限公司（展雲之子公司）〕。

   契約金信託銀行：復華金控（以個人名義信託）。

6. 懷仁國際股份有限公司（懷恩寶塔）。

   契約金信託銀行：萬通銀行。

7. 陽光禮儀股份有限公司（同仁集團）。

   契約金信託銀行：第一商業銀行。

8. 懷恩祥鶴生命事業股份有限公司（統一集團）。

9. 福國建設股份有限公司（福田妙國）。

10. 慈恩園寶塔誠業股份有限公司（慈恩園）。

契約金信託銀行：華南銀行。

11.頂福事業股份有限公司（林口頂福陵園）。

12.龍秀興業有限公司（土城觀自在）。

第三節　安寧療護

安寧療護（hospice）的歷史發展最早在羅馬時代，是照顧旅客及病人臨終的地方，而當一個人不期然地必須面對人生盡頭時，能夠「達觀自在」、「無所牽絆」，而又沒有絲毫的畏懼其實是一件非常困難的事；當一個人陷入絕望的困境中，如何希冀「他」對明天還存有「夢」呢？

安寧療護創始人桑德絲（Dame Cicely Saunders）女士已於2005年7月14日在英國聖克里斯多福醫院的安寧病房（St. Christopher's Hospice）辭世，享年八十七歲。

世界衛生組織（1990）對安寧療護的定義：對一位用當今科技已無法治癒的末期病患及其家屬，提供整體性的照顧，藉著解除疼痛及其他不適之症狀，並統合心理、社會、靈性之照顧，來提升病人及家屬的生活品質，所以安寧緩和醫療是一種「全人」（身心靈）照顧的需求。而一般住院病人出院有兩種情況：MBD（病情穩定或康復可以出院）及AAD（against advice discharge，即違抗醫囑出院）。但是癌症末期病人可能有另一種出院方式的選擇，那就是所謂的DDT（discharge due to terminal，即病危出院），也就是俗話說的「留一口氣回家」。

基於「尊重生命」的觀念以及「尊重病人自主權」的作法，

癌症末期病人應該沒有所謂「違抗醫囑出院」的情況。

　　而安寧緩和醫療條例修正版於2002年12月11日華總一義字第〇九一〇〇二三九〇二〇號令公布後，病人有知道自己病情的權利，亦即醫生在查出疾病後，必須告訴病患，但是反觀過去國內的實際案例，或許是礙於民情使然，亦或許無法律規範，所以告知病人罹患重症且不久於人世，仍然是一項社會自認的禁忌。因此醫生往往採取透過徵詢家屬的意見及利用影像（X光片或電腦斷層、超音波、核磁共振等）方式，間接的告訴病情給病人知悉。難道，我們的癌末病患，心理上真的脆弱不堪一擊嗎？難道，告知病人病情，後果真會有那麼嚴重嗎？因此該條例第八條明訂：「醫師為末期病人實施安寧緩和醫療時，應將治療方針告知病人或其家屬。但病人有明確意思表示欲知病情時，應予告知。」

　　其實根據臨床醫學發現，若能在適當時機讓癌症患者知道病情，病人在過世時會走得比較平順，而家屬在處理後事及悲傷上亦較能應對。肯定了告知的重要性，接下來的問題便是如何告知？首先是應由誰來告知，其次應考量是否每位病人都適合被告知。

　　日本厚生省曾對「告知病情」頒布了下列條件：包括第一、病人本身有強烈意願想要瞭解病情。第二、告知的背後有著明確的目的存在。由此可見日本對告知病情採取強調其個別性的。

　　所以深思以下諸多問題，或許您的人生才不會遺憾：

1.身為家人要如何去面對自己臨終的親人？

2.旁人又該如何安慰亡者的眷屬？

3.癌症患者又該如何面對自己的死亡？是強顏歡笑？還是裝作毫不知情？

4.遺體是否捐贈？是否要對自己所患重病交待該如何急救？是否減輕或消除癌末病患身體疼痛、不適症狀或心理壓力，達到末期良好生活品質及尊嚴和平的死亡？

5.身後事、身外物的處理該如何？

6.子女若未成年的監護該如何事先處理？

這些問題都是必須要立即認知，絲毫無法停頓感嘆的現實，因為此時是決定究竟該如何重組生命、自我揮灑心境的關鍵時刻，是單純遺忘病痛，還是將生命轉化為另一種思考？而這些疑惑該是人生必須面對與思考的第一要事，因為這是屬於生命自然循環中無法避免的一環！倘若您錯過時機的掌握，那麼隱瞞事實真相的背後，可能會留下永遠無法追回的「遺憾」。

其實筆者以為真正的病房，不應該只是提供目前無藥可救的病患毫無意義的治療，而應該讓癌末病患「過得舒適、尊嚴」與「減少外在疼痛」的實際行動，也就是說讓病患很有尊嚴的邁向人生的「另一個驛站」，同時配合專業醫護人員與志工的雙重協助下，幫助病患得以了卻多年未了的心願，而能夠無怨無悔的坦然走向另一種存在的價值，此種醫者心，方是真正的「華陀再世、扁鵲再生」。

國內目前僅有安寧療護照會小組、安寧病房（急性病房）及安寧居家療護三種方式。一個完整的安寧療護模式應該還要包括：安養中心或護理之家（nursing home）、日間照顧中心（day care center）、慢性病房（chronic care）及照會諮詢中心等。國內的安寧病房原屬於急性病房，慈濟醫院心蓮病房於1998年初申請改列為特殊病房，已獲衛生署公文同意，將來應可較符合安寧療護之客觀需求。

目前國內相關之安寧照護組織包括中華民國安寧照顧基金會、台灣安寧照顧協會、台灣安寧緩和醫學學會、台灣安寧緩和護理學會、蓮花臨終關懷基金會及康泰醫療文教基金會、亞太安寧緩和醫學學會（The Asia Pacific Hospice Palliative Care Network, APHN）等。

　　筆者相信許多病患家屬對於安寧療護，感到猶豫不前的主要原因，便是誤以為緩和治療便是「停止治療」，其實這是以訛傳訛及缺乏正確醫療救護之醫生所導致的錯誤觀念，因為根據安寧緩和醫療條例中的「緩和治療法」是將更符合中國傳統所謂「善終」觀念正確地納入醫療體系的一種作法！而姜淑惠醫師寫的「健康之道」中提到「與其想戰勝癌症不如善待它」的觀念或許是另一種思考模式。

　　至於「善終」的真正定義，根據哈佛大學精神科教授魏斯曼（Prof. weismann）的研究，認為：「瞭解死之將至」、「心平氣和的坦然接受」、「去世時間恰當性」及「後事交代安排的必要性」為善終的四大指標；而他也特別將「瞭解死之將至」視為善終的首先必要條件。另外對照我國傳統的「善終」，意指死得其所、死得其時及死得其法，此兩種中西論點可資我們面對時深入思考其中真正關鍵之意義。

　　依照現行醫師法（2002年1月16日修正）第二十一條之規定：「醫院、診所遇有危急病人，立即依其設備予以救治或採取一切必要措施，不得無故拖延。」及第二十三條之規定：「醫師除依前條規定外，對於因業務知悉或持有他人病情或健康資訊，不得無故洩露。」

　　而根據安寧緩和醫療條例之規定，滿二十歲者，末期病人（指罹患嚴重傷病，經醫師診斷認為不可治癒，且有醫學上之證

據，近期內病程進行至死亡已不可避免者。）得立「意願書」選擇安寧緩和醫療全部或一部（指為減輕或免除末期病人之痛苦，施予緩解性、支持性之醫療照護，或不施行心肺復甦術）。而所謂心肺復甦術，指對臨終、瀕死或無生命徵象之病人，施予氣管內插管、體外心臟按壓、急救藥物注射、心臟電擊、心臟人工調頻、人工呼吸或其他救治行為。

「意願書」應包括以下事項並由意願人親自簽署：

1. 意願人之姓名、國民身分證統一編號及住所或居所。
2. 意願人接受安寧緩和醫療之意願及其內容。
3. 立意願書之日期。
4. 意願書之簽署，應有具完全行為能力者二人以上在場見證，但實施安寧緩和醫療之醫療機構所屬人員不得為見證人。

「臨終」與「死亡」之時都是生命的一部分，「不知生，焉知死」的道理，正如同忽略臨終的安寧照顧，無論過往生命過程中多麼光采，無異地卻任由自己以悲劇收場。

本節最後引用丹尼斯・馬諾寧（Denis E. Maunoir）所寫的故事來作結尾：在我為成年人上的一堂課中，我給全班出了一個家庭作業。作業內容是：「在下周以前去找你所愛的人，告訴他們你愛他。那些人必須是你從沒說過這句話的人，或者是很久沒聽到你說這些話的人。」這個作業聽來並不刁難，但這群人中大部分年齡超過三十五歲，他們在被教導表露情感是不對的那個年代成長，所以對某些人而言，這真是一個令人震驚的家庭作業。

在下一堂課程時一位同學從椅子上站起身子，他開始說話

了：「丹尼斯，上禮拜你布置給我們這個家庭作業時，我對你非常不滿。我並不感覺有什麼人需要我對他說這些話。還有，你是什麼人，竟敢叫我去做這種私人的事！但當我開車回家時，我的意識開始告訴我，我確實知道我必須向誰說我愛你；說來很怪，作這決定時我胸口上的重量似乎就減輕了。

第二天，我一大早就急忙起床，打電話給我爸問他我下班後是否可以回家去。我父親仍以一貫暴躁的聲音回答：『現在又是什麼事？』但我跟他保證，不會花很長的時間，最後他終於同意了。

我沒有浪費一丁點的時間—— 我踏進門就說：『爸，我來只是想要告訴您，我愛你』。我父親似乎變了一個人。在我面前，他的面容變柔和了，皺紋消失了，他不禁哭了。而他也伸手擁抱我說：『我也愛你，兒子，而我竟沒能對你這麼說。』

但這不是我的重點。重點是兩天後，我那從沒告訴我他有心臟病的爸爸忽然發病，在醫院裡結束了他的一生。所以我要告訴全班的是：你知道必須做，就不要遲疑。如果我遲疑著沒有告訴我爸，我可能就沒有機會！把時間拿來做你該做的，現在就做！」

第四節　信託與保險

宇宙浩瀚無邊無際，而人生究竟有何可恆久經常呢？您是否會自問終其一生忙忙碌碌為何來呢？記得有個故事是：有人告訴一位不快樂的國王：「找到世上最快樂的人，然後穿上他的襯衫，你就會快樂了。」後來，國王終於找到世上最快樂的人，可是他卻窮得連一件襯衫都沒有！有人在求道的路上， 遇到一位賣

點心的老婆婆，遂趨前向老婆婆要點心，老婆婆問：「過去心不可得，現在心不可得，未來心亦不可得，你到底要點哪個心呢?」我們忙碌了一生，要點的究竟又是哪個心呢？

相較於過去農業社會，現代人的生活似乎有趣多了，然而環境條件的變化而使得健康意識抬頭，針對未來瞬息萬變的趨勢發展，我們應該瞭解趨勢變遷中所富含的各類商機，目前可知的是許多文明病的產生，源自於飲食習慣的不當，因此，消費者開始注意到健康導向的有機食品。因而未來兼顧「消費者健康維護」、「企業積極獲利」及「環境永續保護」等三贏局面的課題，將成為研究養生重要的一環；而透過專業經理人的信託及保險機制，將可能改變一些我們的投資觀念。

同時合法的「避稅」是「節稅」；不合法的「避稅」則是「逃漏稅」，這點必須先加以釐清，而所謂逃稅是指：「納稅義務人故意或無意中違反稅法規定，以達到免繳或少繳應繳的租稅的行為，又稱為租稅詐欺」。或許把花朵養育在溫室中，可以長期在調控室溫中安全的成長，但是如果一旦被迫移植到外，在風雨不定的天候當中，則恐怕將面臨無法經歷考驗的枯萎。筆者在法律的世界中打滾了將近十多年，眼見許多先人苦創的企業，在下一代接手後一夕之間「倒閉」的遺憾，不得不從過往的經驗中，試著在「法律預防風險管控」上著墨，或許能夠利用「保險」及「信託」的機制來進行最基本的保護。而保險金請求權若為信託財產，而成立信託關係的話，此種希望由「保險」與「信託」制度之結合，將可達到一個「要保人」生涯規劃與照顧遺族之意義實踐。

信託

信託關係中所定受託人之權利義務，應專屬於其本身，受託人之任務因其死亡而終結時，其繼承人或繼承人之法定代理人，縱續保管信託財產，以俟委託人之請求返還，然苟無另訂信託契約，尚難認該繼承人為新受託人，得逕行行使受託人之權利，而謂該繼承人與委託人間當然成立新的信託關係。

在信託方面，我國信託法及信託業法先後於1996年1月26日、2000年7月19日公布及2005年5月18日修正。其相關之房屋稅法、所得稅法、遺產及贈與稅法亦於2001年5月29日經立法院通過後，經2004年6月2日修正。由於信託制度兼具社會性及經濟性，當事人之法律關係有其特殊性質，而其所可延伸之商品極為多樣，所以它的相關業務有全權委託，如共同信託基金（trust funds）、生前信託或稱生平信託（trust inter vivos）、遺囑信託、不動產信託、財產信託、金錢信託、有價證券信託、退休養老信託、保險信託、離岸信託、境外信託及慈善信託（philanthropic trusts），此外還有信託基金來集合管理運用、金融資產證券化、股務代理、破產管理及公司重整、保管銀行等重重業務分類，因而必須對此有些基本常識的認知。

一、信託的定義及概念

信託就是「委託人」把財產移轉給「受託人」，並由委託人指定「受益人」，使「受託人」依信託目的，為「受益人」的利益，管理或處分信託財產（圖5-1），信託法第一條定有明文。查所謂信託行為，係指委託人授與受託人超過經濟目的之權利，而僅許可其於經濟目的範圍內行使權利之法律行為而言。是信託關係係

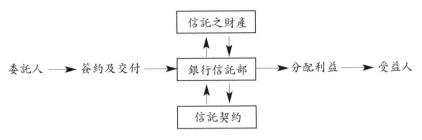

圖5-1　信託行為圖解

因委託人信賴受託人代其行使權利而成立，故須基於受託人與委託人間合意訂立信託契約，始能發生[9]。因而受託人因信託財產之管理、處分、滅失、毀損或其他事由取得之財產權，仍屬信託財產，在信託人終止信託契約前，受託人並無返還之義務。由於委託人的財產必須移轉至受託人名下，因此，委託人必須高度信賴「受託人」。在我國辦理信託業務擔任受託人角色之行業，稱為「信託業」，目前已有五十七家銀行兼營信託業務。

　　信託業除同時受信託法及信託業法之相關規範之外，並須將信託財產與自有財產及其他委託人之信託財產分別管理及記帳。另外，信託業者須盡善良管理人之注意義務、忠實義務，若信託業違反信託法或信託業法相關規範，將受罰鍰或刑責之處罰，因此，透過信託業辦理信託將較有保障。

　　信託法第十二條第二項規定，有違反同條第一項對信託財產不得強制執行規定者，委託人得於強制執行程序終結前，向執行法院對債權人提起異議之訴，其立法意旨，係以委託人將信託財產移轉與受託人後，該財產名義上即屬受託人所有，委託人雖已非權利人，惟其係信託設定者，就信託財產具有利害關係，為賦予其保護信託財產及受益人之權能，爰特別規定其得提起異議之訴，非謂其不得依強制執行法第十二條第一項之規定聲明異議[10]。

信託行為有效成立後，即以信託財產為中心，而有其獨立性，除當事人另有訂定外，不宜因自然人之委託人或受託人死亡、破產或喪失行為能力等情事而消滅，故信託法第八條第一項規定：「信託關係不因委託人或受託人死亡、破產或喪失行為能力而消滅。但信託行為另有訂定者，不在此限。」該法雖係於1996年1月26日始經公布施行，但上開規定，對於在該法施行前成立之信託行為，仍應以之為法理而予以適用[11]。受託人就信託財產或處理信託事務所支出之稅捐、費用或負擔之債務，得以信託財產充之。

　　畢竟「天有不測風雲；人有旦夕禍福」，看看東南亞的海嘯及美國最近的颶風，身為萬物之靈的人類，便不得不正視這些問題的嚴重性，必須未雨綢繆的盡早規劃無憂的人生領域，而如何有效地利用現有的知識與資源來維護呢？這正是本文所欲提供的兩個主要探討的課題。

　　開學在即，隨著失業率升高與薪資調幅的停滯不前，龐大的教育費用，越來越需要透過理財來進行調度或預先籌畫。據統計，台灣將近有七成父母深感教育經費壓力極重，因而父母不妨透過信託方式安排教育基金，這不只是走短線，而是要去規劃小孩在各個教育階段需要用到的資金，甚至包括出國留學、結婚，乃至於創業的基金等。不過在此情況下，套裝商品必須要留意他的「彈性與自主」，以匯豐銀行為例，其兒童專戶就同時設定讓父母可定期投資基金的戶頭，沒錢投資時，就以存款替代。所謂脫法行為係指當事人為迴避強行法規之適用，以迂迴方法達成該強行法規所禁止之相同效果之行為而言。法律並無禁止父母將其不動產借用子女名義之強制規定，即難認此借名登記係脫法行為。

　　在生命轉折之處，因為時光洪流的記憶，所以我們要試著解

開生命中無盡的徬徨與困惑，以免讓外在因素左右。許多人總是只有在失落、徬徨時，才會靜心下來聽到並辨識來自內心深處的真正聲音，此時通常只能發出無聲的呻吟，因為他連一聲輕微長嘆都無法再發出呀！

二、信託相關稅法

依據目前信託相關規劃的稅法係分別規定於以下條文當中，可供參考：

第一、遺產及贈與稅法（2004年6月2日修正）第三條之二中明定：「遺囑之財產信託課徵遺產稅」；以及第五條之二規定：「受託人依信託本旨交付信託利益與受益人等，僅形式上轉移，並無實質贈與行為，故依法免贈與稅。包括以下幾種形式：

1. 因信託行為成立，委託人與受託人間。
2. 信託關係存續中受託人變更時，原受託人與新受託人間。
3. 信託關係存續中，受託人依信託本旨交付信託財產，受託人與受益人間。
4. 因信託關係消滅，委託人與受託人間或受託人與受益人間。
5. 因信託行為不成立、無效、解除或撤銷，委託人與受託人間。」

第二、同時在土地稅法（2005年1月30日修正）中針對土地為信託財產之地價稅、田賦之納稅義務人及地價稅之計徵方式，及房屋稅條例（2001年6月20日修正）中第四條以受託人為納稅義務人外之規定如次：

1.土地增值稅：土地所有權因信託行為成立，而依信託法第一條規定，由委託人移轉與受託人者，其權利變更登記原因既為信託，與一般土地所有權移轉情形有別，應不課徵土地增值稅。但如符合以下條件則仍須課徵：

(1)受託人就受託土地，於信託關係存續中，有償移轉所有權、設定典權或依信託法第三十五條第一項規定轉為其自有土地時，以受託人為納稅義務人，課徵土地增值稅。

(2)以土地為信託財產，受託人依信託本旨移轉信託土地與委託人以外之歸屬權利人時，以該歸屬權利人為納稅義務人，課徵土地增值稅。至於下列各款信託關係人間移轉所有權免徵部分則依平均地權條例第三十五之三條規定（依第三十五條之三規定不課徵土地增值稅之土地，於所有權移轉、設定典權或依信託法第三十五條第一項規定移轉為受託人自有土地時，以該土地不課徵土地增值稅前之原規定地價或最近一次經核定之移轉現值為原地價，計算漲價總數額，課徵土地增值稅）：

　A.信託行為成立，委託人與受託人間。

　B.信託關係存續中受託人變更時，原受託人與新受託人間。

　C.信託契約明定信託財產之受益人為委託人者，信託關係消滅時，受託人與受益人間。

　D.因遺囑成立之信託，於信託關係消滅時，受託人與受益人間。

　E.因信託行為不成立、無效、解除或撤銷，委託人與受託人間。

2.地價稅：關於首揭信託土地，如屬自益信託，因信託行為而由委託人移轉與受託人後，於信託關係存續中，仍應與委託人在同一直轄市或縣（市）轄區內所有之土地合併計算地價總額，依土地稅法第十六條規定稅率徵地價稅，分別就各該土地地價占地價總額之比例計算其應納之地價稅，並以受託人為該信託土地之納稅義務人（土地稅法第三之一條；平均地權條例第十九之一條）。

3.房屋稅（2001年6月20日修正）：房屋為信託財產者，於信託關係存續中，以受託人為房屋稅之納稅義務人。受託人為二人以上者，向共有人徵收之，由共有人推定一人繳納，其不為推定者，由現住人或使用人代繳。同時經目的事業主管機關許可設立之公益信託，其受託人因該信託關係而取得之房屋，直接供辦理公益活動使用者免徵房屋稅。

第三、另在契稅條例（2001年6月13日修正）第十四條之一第一項第四款中明定因遺囑成立之不動產為信託財產時，不課徵契稅之情形。

第四、依據所得稅法（2003年6月25日修正）第三之三條規定，信託財產於下列各款信託關係人間，基於信託關係移轉或為其他處分者，不課徵所得稅：

1.因信託行為成立，委託人與受託人間。

2.信託關係存續中受託人變更時，原受託人與新受託人間。

3.信託關係存續中，受託人依信託本旨交付信託財產，受託人與受益人間。

4.因信託關係消滅，委託人與受託人間或受託人與受益人間。

5.因信託行為不成立、無效、解除或撤銷，委託人與受託人間。

前項信託財產在移轉或處分前，因受託人管理或處分信託財產發生之所得，應依第三條之四規定課稅。

第五、另外有關信託土地移轉登記前，自1997年12月25日起即不必再向稅捐稽徵機關申報土地移轉現值，也可免繳土地增值稅，但信託人必須先取得「無欠稅證明文件」才能向地政機關辦理土地移轉登記。

第六、1996年1月26日信託法公布施行前，所謂信託行為，係指委託人為自己或第三人之利益，以一定之財產為信託財產，將之移轉於受託人，由受託人管理或處分，以達成一定經濟上或社會上目的之行為。故信託行為雖非法定要式行為，無以訂立書面契約為必要，惟仍須基於委託人與受託人之合意，方能成立[12]。

第七、他人對財產信託是否可以強制執行，依信託法第十二條第一項前段規定：「對信託財產不得強制執行」。其意即指於受託人本身為債務人之執行名義，依法應對受託人固有財產執行，而不得對此獨立之信託財產執行之意。但同條後段第四十九條規定，如因信託事務所生之權利（如信託財產上的擔保物權或為受託人處理信託財產而生之債務）或其他法律另有規定者（意指信託財產應負之稅捐，不在此限），是為例外。

第八、信託之贈與：如果依據「贈與稅」的課稅的時點來評估，當信託契約成立後，信託受益人是在信託存續期間陸陸續續取得信託之利益，或是在信託契約終止時（屆期時）取得信託之

財產，因而可知其「取得日」與「課稅日」之期間有相當地時間上差距存在，因此藉由現值的觀念來運算，自然可以大幅地降低一次贈與總額，而其幅度可為原來贈與總額的近五分之一左右，所以也是節稅效果很好的一種替代工具（信託稅法、遺贈稅法第十條之二）。另外有關「分年贈與」雖屬於節省「贈與稅」的一種傳統策略，然而如果是對於不動產贈與部分，則會因為贈與人必須逐年贈與應有部分，那將使得每年都得辦理變更產權登記，著實不便；倘若採取不動產信託的方式，則可完全避免變更登記手續上的這種麻煩，實為一種選擇。

第九、保險金（包括滿期金及身故金）來信託並同時轉嫁稅賦：當保單到期後，滿期保險金可再轉入信託，以自己及配偶為受益人作為退休養老金，因此時對自己而言，是自益信託，對配偶而言，雖是他益信託，但屬於配偶之間「贈與關係」，故依法均無「贈與稅」的課稅問題。而在成立信託契約中可約定當夫婦均身故時，剩餘財產歸屬於兒女，並指定管理、使用及處分方式；或不為此約定，使剩餘財產成為夫婦之遺產，再經由遺囑信託，將該剩餘財產及其他遺產一併交付信託（以兒女為受益人）亦可。至於保單中身故保險金部分可指定兒女為保險受益人，如此即無遺產稅的負擔，而且也不必繳交所得稅；另外可以兒女為委託人，就該身故保險金成立自益信託，以支應兒女未來生活所需，亦是可以考量的方式。

第十、不動產證券化條例（2003年7月23日公布）：依該條例第五十一條及五十二條之規定：「不動產投資信託或不動產資產信託以土地為信託財產，並以其為標的募集或私募受益證券者，該土地之地價稅，於信託關係存續中，以受託機構為納稅義務人。其應納稅額之計算，就該信託計畫在同一直轄市或縣（市）

轄區內之所有信託土地合併計算地價總額，依土地稅法第十六條規定稅率課徵地價稅。」「依不動產資產信託契約約定，信託土地於信託終止後毋須返還委託人者，於信託行為成立移轉土地所有權時，以委託人為納稅義務人，課徵土地增值稅，不適用土地稅法第二十八條之三規定。」

保險

查保險所擔當者為危險，在客觀上係「不可預料或不可抗力之事故」，在主觀上為「對災害所懷之恐懼及因災害所生之損失」，故危險之發生必須為不確定。

同時在國人的保險觀念日漸普及之下，很多人現在都會主動參與投保，因而擁有保單的人也不少，但是您知道自己該如何確保自己的保險權益嗎？以及應該買多少的保障額度才能符合自己與家庭的需求呢（表5-1）？通常我們年青時擁有的第一張保單，往往是基於收入的考量，所以一般多以定期保險或終身壽險搭配意外保險。但是，隨著年齡的增長、經濟狀況的改善，以及對家庭責任的加重，保障需求也應有所調整，例如婚前和婚後，面對的人生問題截然不同，所需保障的範圍擴大了、額度也提高了，

表5-1　人生當中的保險供需

人生面臨的風險	保險規劃之解決方式
婚姻	從學習人生真意到投資連結壽險
子女	投資理財、教育年金、終身還本
父母	投資理財、壽險、責任及醫療險
養老	公、勞保、年金、理財及儲蓄險
疾病	全民健保、醫療及重大疾病險
死亡	勞保、壽險（意外）及投資儲蓄險

當然不能再以「一張保單走天涯」，這時就該針對生命中每個階段的生活型態、經濟狀況以及財務需求的不同，加以規劃實際所需的完整保險。

保險就如同醫療、法律一樣，強調一種「未雨綢繆」的觀念，當一個人身體稍有不適時就應該盡早診斷以便及早發現病因，以免延誤病情而致回天乏術；或突然遭遇意外，像名模林志玲在事業顛峰時卻突然發生在大陸墜馬，畢竟「天有不測風雲、人有旦夕禍福」。同樣的道理亦可運用在保險或法律中，此二者是如出一轍地；因此凡事都必須要自我小心謹慎，如此才能保得百年的平安與幸福。

同時保險契約皆為定型化契約，被保險人鮮有依其要求變更契約約定之餘地；又因社會之變遷，保險市場之競爭，各類保險推陳出新，故於保險契約之解釋，應本諸保險之本質及機能為探求，並應注意誠信原則之適用，倘有疑義時，應為有利於被保險人之解釋（保險法第五十四條第二項參照），以免保險人變相限縮其保險範圍，逃避應負之契約責任，獲取不當之保險費利益，致喪失保險應有之功能，及影響保險市場之正常發展。

保險法（2005年5月18日修正）第三十六條、第三十七條規定係基於損害填補原則，為防止被保險人不當得利、獲致超過其財產上損害之保險給付，以維護保險市場交易秩序、降低交易成本與健全保險制度之發展，而對複保險行為所為之合理限制，符合「憲法第二十三條」的規定，與憲法保障人民契約自由之本旨，固無牴觸。惟人身保險契約，並非為填補被保險人之財產上損害，亦不生類如財產保險之保險金額是否超過保險標的價值之問題，自不受保險法關於複保險相關規定之限制。而對人民之契約自由，如果增加法律所無之限制，均與法有違而不予適用。

表5-2 保險契約中各項名稱定義

保險名稱	定義
保險人	指經營保險事業之各種組織，在保險契約成立時，有保險費之請求權；在承保危險事故發生時，依其承保之責任，負擔賠償之義務。
要保人	指對保險標的具有保險利益，向保險人申請訂立保險契約，並負有交付保險費義務之人。
被保險人	指於保險事故發生時，遭受損害，享有賠償請求權之人；要保人亦得為被保險人。
受益人	指被保險人或要保人約定享有賠償請求權之人，要保人或被保險人均得為受益人。
保險業	指依本法組織登記，以經營保險為業之機構。
保險代理人	指根據代理契約或授權書，向保險人收取費用，並代理經營業務之人。
保險業務員	指為保險業、保險經紀人公司、保險代理人公司，從事保險招攬之人。
保險經紀人	指基於被保險人之利益，代向保險人洽訂保險契約，而向承保之保險業收取佣金之人。
公證人	指向保險人或被保險人收取費用，為其辦理保險標的之查勘，鑑定及估價與賠款之理算、洽商，而予證明之人。

「人壽保險」附加「意外死亡給付」特約條款，係就被保險人因外來突發的意外事故致身體受傷死亡，保險人應增加其保險給付所為之約定。所謂外來之事故，係指來自自身以外之事故而言。同時投保各類險種，最好能請教保險法律專家，因為產品、保費、保障內容差距相當大，例如健康險部分，五十歲前女性保費較高，五十歲以後則男性較高，以及人身風險當中「男性」較「女性」保費為高等等，因此投保前別忘多比較以免吃虧；同時投保保險時最好能夠多指定幾位受益人，以免若受益人同時遭受不幸，保險金便成為遺產，繼承人此時便得繳交遺產稅。

「生命風險」倘若能事先規劃平均分擔，將可勾勒出避免未來面臨意外支出時的窘境，這點不僅是為另一半、子女或父母著

想，更是爲自己作的安身立命的生死完整準備，唯有透過完善的保險規劃，生死才不至於留白，身心才能獲得紓解，此時生活中沉澱的現實心情，才能毫無顧忌地顯現，並享受眞正的自然體悟，學習接受一切生死的安然自在，便能無牽絆的怡然自得，如此生命將不再存有任何可能的輸家，生死也將不再「猙獰」與「無助」。

一、人身保險的分類

人身保險可區分爲人壽保險、健康保險、傷害保險及年金保險，其中人壽保險之分類：

(一)以產品型態劃分

以產品型態可劃分爲：

1. 生存險：於保單有效期間內尚生存，於期滿時則可領取保險金及分紅。
2. 死亡險：保單有效期間內若死亡，始可領取保險金。死亡保險契約未指定受益人者，其保險金額作爲被保險人遺產。
3. 生死合險：於保單有效期間內不論生死，均可領取保險金。
4. 年金險：於保障期內尚生存始可領取，但領取的方式可分期，其目的係爲期滿有一筆金額可使用。目前即期年金，即指年初繳費，年末即開始由保險公司支付年金給被保險人。另外則是遞延年金，是指繳費經過一定年限之後，保險公司才開始給被保險人年金。

5. 投資連結型保險，最早產生於1956年的荷蘭，接著英國於1961年、美國於1976年、日本於1986年、中國於1999年，台灣則是於2000年發行第一張投資型保單。
6. 終身醫療險。

(二)以法規種類劃分

以法規種類可劃分為（訂立人壽保險契約時，以未滿十四歲之未成年人，或心神喪失精神耗弱之人為被保險人，除喪葬費用之給付外，其餘死亡給付部分無效）：

1. 人壽保險人於被保險人在契約規定年限內死亡，或屆契約規定年限而仍生存時，依照契約負給付保險金額之責（保險法第一○一條）。
2. 健康保險人於被保險人疾病，分娩及其所致殘廢或死亡時，負給付保險金額之責（保險法第一二五條）。
3. 傷害險於被保險人遭受意外傷害及其所致殘廢或死亡時，負給付保險金額之責（保險法第一三一條）。
4. 年金保險人於被保險人生存期間或特定期間內，依照契約付一次或分期給付一定金額之責（保險法第一三五條之一）。

二、保險節稅

保險金的給付，一般可分為死亡時及滿期仍生存的給付兩種，根據遺產與贈與稅法之規定，被繼承人死亡時，其指定受益人所領到的死亡保險金給付，並不列入遺產中計算而免徵遺產

稅；亦即約定於被繼承人死亡時，給付其所指定受益人之人壽保險金額，以及軍、公教人員、勞工或農民保險之保險金額及互助金均不計入遺產總額中課稅，此亦保險節稅之一項優惠權益的展現（遺產及贈與稅法第十六條）。因此要想利用這類保險節稅，投保時便該指定受益人，如此才能達到財產移轉的結果，而且為避免受益人及被保險人同時身故，最好再指定第二、三順位的受益人，或指定受益人為法定繼承人加以預防，否則屆時繼承人將仍難逃被遺產稅課予重稅的命運。

雖然一般而言，前述保險金給付不需列入被繼承人之遺產，但是實務上有認為：「雖然不能因為要保人有更改受益人之權利，就認定年金險為遺產稅法所謂其他一切有財產價值之權利，所以不應將年金險之現金價值視為債權而納入遺產總額。而是必須依據核實課稅原則，雖然該筆遺產形式上為保險金，但審查其動機，認為顯然係將其即將成為遺產之現金，而藉由投保之方式一次繳清全部保險費，迨其亡故後，再轉換為保險給付，所以應將其所繳保險費併入遺產計算」。

簡單的說，在生命末期才想要去作最後的任何規劃，都會遭受「核實課稅原則」的挑戰，過去以為年金險與投資型保單由於不需要體檢，所以常會被誤以為可以作為降低遺產總額的險種，然而現在似乎已經有疑問，因而最好的方式，就是趁年輕時就該為自己投保終身壽險，如此則一定不會被列入遺產，以避免年老時來不及規劃的痛苦。

三、意外傷害

按保險法第一三一條所稱之意外傷害，乃指非由疾病引起之外來突發事故所致者而言。該意外傷害之界定，在有多數原因競

合造成傷殘或死亡事故之情形時，應側重於「主力近因原則」，以是否為被保險人因罹犯疾病、細菌感染、器官老化衰竭等身體內在原因以外之其他外來性、突發性（偶然性）、意外性（不可預知性）等因素作個案客觀之認定，並考量該非因被保險人本身已存在可得預料或查知之外在因素，是否為造成意外傷殘或死亡事故之主要有效而直接之原因（即是否為其重要之最近因果關係）而定[13]。另保險法並無傷害保險準用保險法第一二二條之規定，參以意外保險之保險費率通常係屬固定，與人壽保險之常因年齡而有差異不同，及財政部製定之「傷害保險單示範條款」亦無年齡不實處理方式之相關規定，故被保險人之年齡，難謂為意外保險契約必要之點。

四、身故保險申領

身故保險時申領之手續，須具備：

1.保險單或其膳本。
2.被保險人死亡證明書及除戶戶籍膳本。
3.保險金申請書。
4.受益人的身分證明（例如身分證、駕駛執照或戶口名簿）。
5.申請意外傷害故給付者。

一般保險契約均會約定為被保險人在契約有效期間內，因遇到非由疾病引起之外來突發的意外傷害事故，且自意外傷害事故發生之日起一百八十日以內所致之死亡，但不包括戰爭，內亂與其他類的武裝變亂以及因原子或核子能裝置所造成之爆炸、灼燒、輻射或汙染所造成的死亡，另需檢具意外傷害事故證明書。

同時依照新保單的意外傷害定義即明白表示只要是因爲遭受意外傷害事故而導致者均屬之；而除外責任中亦不再包括細菌感染、故意自殺及自殺未遂、故意行爲、精神喪失所致、流產、藥物過敏所致等人爲因素而者列入承保範圍；另外除外期間亦把滑水、跳傘、潛水等活動亦一併納入承保，因此讀者可詳加比對保單，以免引發爭議。

養老信託以防被騙或敗家子散進家產之遺憾，同時必須注意的是銀行所開辦保險金信託業務（可分爲定期一次給付及分期給付兩種），此一連結保險與信託的新種金融商品，如屬「他益信託」行爲所以必須課徵贈與稅，但是如爲夫妻之間及其本身則不屬於「他益信託」之範圍，同時也可避免自身財產被查封時的困境。

註釋

1. 參2001年台上字第三一三七號判決。
2. 參1942年上字第一三一二號判例。
3. 參1939年上字第二二五〇號判例。
4. 參1939年上字第二五八五號判例。
5. 參1989年台上字第一九二號判例。
6. 參蔡墩明著，〈醫療犯罪與因果關係〉，《法令月刊》，第四十六卷，第九期，頁409-410。
7. 參1991年12月31日衛署醫字第九九九一三九號。
8. 參拙著，《現代法律顧問（一）》（台北：書泉出版社，1995年）。
9. 參最高法院1994年台上字第一二三七號判決。
10. 參2002年台抗字第二七九號判決。
11. 參2002年台上字第三五八號判決。
12. 參2005年台上七〇九號判決。
13. 參2005年台上一八一六號判決。

落葉歸根
喪葬祭祀篇

人生當中除了一般日常生活的瑣事外，還有屬於「生命的眞實」，因此生活當中若無法解決時，基本上都會溯源到「生命的本質」，因爲死亡是屬於人一生必然的歸宿，所以生死學亦無可厚非的必須要加以探究。在整個學習「死亡的哲學」中，我們必須對死亡存在終極關懷，而此一關懷是對生命存有中「人性的憐憫」，如果有此體悟才能眞正讓往生者擁有「尊嚴」與「安慰」，及對生存者給予「寧靜」與「心靈」的關照。

當一個人能夠體認生命的眞諦時，也才能嘗試屬於「生命的價值」，並進而珍惜生命、關愛社會，否則若沒有學習完整的「生死教育觀」，便無法一一突破人生所涵蓋著「生苦、老苦、病苦及死苦」的「四重」生命關卡，而此一人類文明的軌跡，可以從埃及法老的巨大陵墓、世界著名的金字塔、中國皇帝死後統領的千軍萬馬之秦皇兵馬俑陪葬坑以及歷代帝王龐大而奢華的陵寢來印證這個歷史的傳承，則無一不是人類對「終極關懷」的重要歷史見證。

「時也？運也？非我之所能也？」或許我們無從選擇命運，但是我們卻可以選擇如何面對。當我看著許多罕見病例的生活觀時，心裡有著一種無名的感動。其實當我們深入的探究人們恐懼死亡的原因時，也正如同一個與生俱來的盲人，無法分辨顏色的道理是一樣的，所以思考死亡便等於思考生命的眞實存在意義與價值，如此才有意義，更何況人「一生的功過得失」都必會在「蓋棺時」或者「未來的歷史紀錄」中才能正確詳實地論定，不是嗎？

報載「國民黨主席馬英九先生遵從父親遺願，簡化父親後事的程序，希望成爲簡葬風的表率，負責後事的龍巖人本推估花費：遺體預計冰存在第二殯儀館四天，每天冰存費兩百元計算，

四天共八百元。其次是公定火葬費，台北市民兩千元（外縣市民眾是六千元）。而選定一個青玉骨灰罈存放骨灰，這個骨灰罈大約兩萬元至三萬元左右。馬鶴凌遺體火化後，骨灰將存放在富德靈骨樓」。「龍巖人本」指出，靈骨塔位費用是一萬元，加上這段期間其他辦理後事的花費，初估大約兩萬元左右，再加上一些零星支出，預計馬鶴凌先生的後事費用是七萬元左右，至多不會超過十萬元。雖然坊間一般後事的喪葬費用，平均在十二萬元至十五萬元間，但如果訂大禮堂、布置鮮花、禮品等，可能要價會達二十萬元，而一般人對此簡約用不同的價值觀來判斷，實在是毫無道理。

除此之外，姑且不論喪葬祭祀它究竟是一種習俗，或者是一種迷信，它畢竟是一種家族親朋好友之間一次凝聚力的表現與考驗，這種情況對於從農業社會轉進到今日工商社會的環境來看，的確也發揮了一種家族影響與難得團聚的機會，這在今日繁忙的社會中，何嘗不是「好久不見」之一次生命「再次交會」的機緣。

第一節　真實與虛幻

人之生死往往只有一線之隔，因而「真實」（物質）與虛幻（心靈）常常是沒有明顯界限的，一直到今日法律才以「腦波停止」而逐漸確立其標準。而根據大醫院判定腦死的標準，通常應由腦神經專科來加以決定：

1.深度昏迷。

2.沒有自發性的呼吸。

3.瞳孔固定在直徑數毫米以上。

4.各種身體反射消失。

5.腦波平坦等，來進行綜合判斷，但是以腦死作爲死亡的定義，並非放諸四海皆準，至少這在日本1990年代中期以前，並不接受此種腦死的判斷標準。

　　至於「出生」、「死亡」時點的決定，乃是權利能力「取得」、「喪失」之分野，因爲這涉及到本書前面各章節中所提到：有關繼承開始、遺囑生效、保險金的請求、夫妻財產等種種民事上重要的權益問題，故對於此一判別必須格外注意。而人們面對死亡的鴕鳥心態，總是害怕去討論這個絕對禁忌的話題，所以往往造成瀕臨死亡的人與他的親人間產生一種無名且無法跨越的鴻溝及遺憾，導致我們在走向人生最終的路途上，常常只有孤獨爲伴，筆者不禁想問，當人們在出生、成長、升學；就業、結婚、生子；養兒育女後之衰老，而面臨疾病及死亡時，是否曾質疑過終其一生辛苦卻仍需面對死亡來結束一切，是否還會執著的在乎這一生要怎樣過呢？

　　所以無論任何專家學者在辯論科學與宗教的眞僞之同時，是不是也能探究其背後的信念與信仰所欲解釋的生命重大疑惑的開悟觀呢？倘若人死後一切歸於虛無，那麼所有世間的法規倫理，是不是仍然必須執著珍惜與遵守呢？這點特別在此提出呼籲讀者，請深思誰該爲自己的生命價值去追尋心中的眞理，而非人云亦云或者選擇逃避，因爲這些外在的人事都無法解決心中的困惑。

　　當我們身處徘徊在「眞實」與「虛幻」之間時，因爲「現實

是殘酷,虛幻卻是美麗」,所以大多數的人選擇忽略自己的真實感受,而去向現實低頭,然而我們該去思考的是該如何讓現實與虛幻接軌,讓虛幻的美麗有實現的一天,也讓不美好的現實,有機會創造更為美麗的新境界。因此當我們的生命選擇在「不願得過且過、為所欲為之時」,才能頓悟生死學(thanatology or life-and-death studies),因而當我們能夠分辨及選擇出屬於自己的真實人生時,則必然會發掘出生命潛能中所不可預知的自我,如此才能回歸「真我自然」的啟示。

而本書特別將宗教中所謂的「死後相隨論」,提供於此作為人生參考之用:

隨業:視有無重大善或惡業而定。
隨習:依其通常慣有的習性而定。
隨念:按亡者臨終時的意念而定。

人生或許曾經存在著「悲歡離合,得失功過」,然而這些卻像一層輕霧淡淡地籠罩在我們生活的四周,透過我們對人情世故的解讀,並細細地加以觀照時,才突然發現一切都將化為煙消雲散而無跡可尋,方悔恨終身。所以應該設法讓自己的人生留下任何可尋的蹤影,這才是我們終其一身所追求的「苦盡甘來,美事永存」的最高境界。

因而當生命面臨無法預期的災難與困境,或「失蹤人」達一定法律期限時,為了生死的人生轉折點能夠盡早釐清,法律特別在此訂下一套可遵循的法則,因為「渴望失根的夢土,重回心靈的歸屬,這僅是生命卑微者的唯一祈求」!

而「真實與虛幻」讓云云眾生瞭解生命循環必然歷經之人生

過程。何者虛幻？過往即是虛幻；何者真實？當下即是真實，因此一秒鐘的前後，即清楚的表達出真實與虛幻之過程也，相信這一連串的闡述應該能夠讓讀者開始自我省思。

墨子云：「君子戰雖有陳，而勇為本焉，喪雖有禮，而哀為本焉，士雖有學，而行為本焉。是故置本不安者，無務豐末，近者不親，無務來遠，親戚不附，無務外交，事無終始，無務多業，舉物而闇，無務博聞。是故先王之治天下也，必察邇來遠。君子察邇而邇脩者也。見不脩行，見毀，而反之身者也，此以怨省而行脩矣。譖慝之言，無入之耳，批扞之聲，無出之口，殺傷人之孩，無存之心，雖有詆訐之民，無所依矣。」

最後筆者認為小孩面對死亡感覺，尤其是喪親者（bereaved），身為長輩應該有所理解而進一步去協助其心靈復健，因為喪親不僅對成年人來說感到哀痛與產生憂鬱，對未成年人來說也是一種一輩子「說不出口的心情」：這其中隱含對世事的震驚、絕望及與社會分離感的問題，的確值得我們加以注意與設法因應。

第二節　生命紀實

在人類數千年的歷史發展中，幾乎很難找到比「道德規範」與「法律規範」間關係更為複雜的問題了。在中國，德禮為本與刑法為用的關係，貫穿有文字記載以來中國思想史和法制史的主線。生活的點點滴滴記錄在你我的回憶之中，不妨靜下心來聽聽前些章節中別人的故事，重新思索屬於自己生命的意義，雖然每個人都會面臨死亡，但是「死是怎樣的感覺，卻從來沒有人

懂」！

　　當一個人在幾乎死亡的失血狀態下被救活過來時，或許才可能稍微感覺到生存的價值只是在對生命的看法與態度！或許您無法理解這種「失而復得」的眞實存在意義，不過沒關係，現在還不是頂重要的，因爲您還有相對的時間存在，而我也相信您總有明白的一天。

　　值得深思的是，生命的死亡是無法阻擋的，因而如何讓精彩的生命，留下更多的貢獻給後代子子孫孫，這才是人生中最重要的目標所在。道家老子第五十一章指出「道生之，德畜之，物形之，勢成之，是以萬物莫不尊道而貴德」。及第二十五章指出「身殁而道猶存——人法地，地法天，天法道，道法自然」。因而莊子在「養生主」中特別提到：「安時而處順，哀樂不能入也」。

　　在生命的過程中，獲取一般人所注意的是求生、追逐和占有，努力去遂行並達成自己的目標。然而一旦忽略死亡的認知、對臨終大事的自我關懷時，我們對它的疏忽，將會使自己的生命輸在最後的結局上。當然眼前更重要的事，便是如何讓俗世中的一切外在牽絆盡早釐清，以便讓死者早日安息，以歸於極樂淨土而遠離人世間的恩恩怨怨，因此許多大智慧者都會明白，凡事自有因果論斷，別過分去執著於外在皮相的眞假，畢竟「死生雖由命，難脫定數」，但如能生死無憾的超越對死亡恐懼而安然地離去，則世間焉會「再存風波」與「是是非非」呢？

　　由於現今人是社會的動物，在社會不斷變遷的情況下，人們的情緒反應常繫於其所處的社會情境中。或許古代社會允許一個人守喪三年，但現代社會卻希望他辦完喪事立刻回到工作崗位，此時此刻依附斷裂的創傷仍在，失落心情尚未完全平復，卻必須強破自己返回正常生活，此時所謂的「悲傷輔導」便形成即爲重

要的關鍵。

同時根據資料顯示：「維也納相當重視葬禮，這點也經旅居當地之友人證實無誤，該地從守靈到唱安魂曲，對於葬儀排場十分注重，除必須租借送葬的衣服以壯形色外，送葬者更需手持燈籠一直送到上山為止，而其執紼、抬棺、職業哭墓成員就約達三十人次以觀」，足見中外習俗皆有其異同處及深意存在其間。

另外「紅白」事如果在一起舉行，一方面相沖會影響新娘，另一方面會因為剛辦完時思緒尚未復原，同時也是對死者不敬，好像在慶祝其過世一般。諸如此種禁忌和規矩還能舉出不少，足以說明利生的原則在喪葬儀式中所占的重要地位了！

由生到死，由死到再生，構成一個圓形的生命循環過程，這亦是從此界過渡到彼界，又從彼界過渡到此界的兩個世界的一種轉換，因而當一個人過世時有著許多法定代辦的事宜必須加以清楚處理，從遺產、屍體、安葬及權利義務的釐清等等，都應該明白處理的程序及法律規定，以免臨時勿忙，誤觸法律規定而遭受雙重打擊。譬如失蹤之人必須依照法律程序宣告死亡才能處理其遺產即為一個事例（參民法第八條），失蹤人失蹤後，未受死亡宣告前，其財產之管理，依非訟事件法之規定。凡在中華民國有住所或居所之外國人失蹤時，就其在中華民國之財產或應依中華民國法律而定之法律關係，得依中華民國法律為死亡之宣告（參涉外民事法律適用法第四條）及一些救助可參以下之法條說明：

風災、震災、重大火災、爆炸災害救助種類及標準（2001年6月1日公布）
第2條　災害救助之種類如下：
　　　　一、死亡救助：因災致死或因災致重傷，於災害發生之日起三十日內死亡者。

二、失蹤救助：因災致行蹤不明者。

三、重傷救助：指因災致重傷，或未致重傷，必須
　　緊急救護住院治療，自住院之日起十五日內
　　（住院期間）所發生醫療費用總額達重傷救助金
　　金額者。

四、安遷救助：因災致住屋毀損達不堪居住程度
　　者。

第4條　災害救助金核發標準如下：

一、死亡救助：每人發給新台幣二十萬元。

二、失蹤救助：每人發給新台幣二十萬元。

三、重傷救助：每人發給新台幣十萬元。

四、安遷救助：住屋毀損達不堪居住程度，戶內實
　　際居住人口以五口為限，每人發給新台幣二萬
　　元。

前項第二款救助金於發放後，其失蹤人仍生存者，
其發給之救助金應繳回。

第5條　災害救助金具領人資格如下：

一、死亡或失蹤救助金，具領人依下列順序定之：

　　(一)配偶。

　　(二)直系血親卑親屬。

　　(三)父母。

　　(四)兄弟姊妹。

　　(五)祖父母。

二、重傷救助金：由本人、配偶或親屬領取。

三、安遷救助金：由受災戶戶長或現住人員領取。

　　所以舉凡人死亡後之處理，除係失蹤而依前節之死亡宣告之
聲請外，一般死亡則須視其為病死或意外可疑的死亡，而分別依
行政相驗及司法相驗而異，因此凡是對於死亡存有疑問者，一般

197
第六章
◆ 喪葬祭祀篇 ◆ 落葉歸根

都須經檢察官率同法醫前往勘驗，以查明事實真相，因此相關的一些程序事項，必須加以釐清，特提供參考之。

臨終概念與死亡相驗

看著報章雜誌上光鮮的人影，當他們面臨醫生宣布僅剩下幾個月生命的殘酷對待時，該如何面對無助與掌握僅剩的生命呢？不妨靜靜的思考，如果跟他們一樣數著日子會如何？這是一門多麼重要的生命思考！

一般病者將死之前常會有「迴光返照」的現象（從醫學角度來看係人體特定的賀爾蒙持續不斷增生，使體內血液中賀爾蒙含量過高，在賀爾蒙強力刺激下，生產賀爾蒙的器官過度亢進，導致該器官損壞、停止運作，然而人體各器官仍然在活動，當血液中的賀爾蒙漸漸地被消耗減少，病人的意識便慢慢的恢復，此時病人不會出現劇烈疼痛或煩躁不安的症狀，但是血液中的賀爾蒙越用越少，病人便會再度陷入昏迷，當血液中的賀爾蒙被消耗殆盡時，病人也就安詳的去世。）此稱之為「反青」，此時會有託孤及立遺囑或分手尾錢之慣例。

假如氣息奄奄轉為冒汗，則俗稱「爬坡」，此係醫學上所謂汗腺及泌尿系統無法緊縮的情形。若有以上情形家屬便要為他「淨身」、「更衣」、「移水舖」、「舉哀」、「遮神」、「辭生」、「示喪」等行止，然後男移龍位（進門右方），女移虎方（進門左方），或以神明牌位來看，男左女右，或者一律龍方，但倘若有長輩在，則移虎方，但原則上「頭裡腳外」乃是必須注意的風俗習慣。

殯葬活動一方面不斷在接受文化的雕塑，一方面也在落實經濟上考量，然而人之生命是否歸於塵土，在法律的規範範圍內，

仍然必須加以檢驗確實無誤，不容有絲毫差錯發生，畢竟「死有輕於鴻毛，亦有重於泰山」。而一般在醫院死亡者，則因為是在治療過程中因病暴斃自然死亡或因無法救治而死亡（專指無爭議）之情形，則由主治醫師開立死亡證明書，醫師非親自檢驗屍體，不得交付死亡證明書或死產證明書（醫師法第十一條之一）、醫師檢驗屍體或死產兒，如為非病死或可疑為非病死者，應報請檢察機關依法相驗（醫師法第十六條）或醫院、診所如無法令規定之理由，對其診治之病人，不得拒絕開給出生證明書、診斷書、死亡證明書或死產證明書，同時開給各項診斷書時，應力求慎重，尤其是有關死亡之原因，如果醫院或診所對於非病死或可疑為非病死者，應報請檢察機關依法相驗（醫療法第七十六條）外，一般當事者均以申請十份證明書為宜，此處之醫師尚包括合格的中醫師在內。

除上述情形外，若死亡後依法應按規定辦理相關登記事宜，因而後述的相驗便產生極為重要的證明依據。家屬持以下所開立之死亡證明書向各鄉鎮市區公所及戶政事務所辦理登記（戶籍法第十九條）後方可入殮，這點必須瞭解。

一、司法相驗

係指有非病死、意外（例如因車禍、溺水、災難及兇殺等意外）或可疑為非病死者，應請當地檢察署檢察官與法醫到場勘驗者，由其開具相驗屍體證明書。檢察官如發現有犯罪嫌疑時，應繼續為必要之勘驗及調查（參刑訴第二一八條）。檢察官對於非病死之人，則應實施相驗，並無自由斟酌之餘地[1]。全世界最早的法醫學著作為中國的法醫經典《洗冤集錄》，作者為南宋嘉熙年間之宋慈，其在序言開頭提出撰擬此書的動機與目的：「獄事莫動於

大僻，大僻莫動於初情，初情莫重於檢驗。蓋死生出入之權輿，直枉屈伸之機括，於是乎決法中」。此書後來流傳到海外，1779年，法國人將書節譯刊於巴黎《中國歷史藝術科學雜誌》。1863年，荷蘭人將此書譯成荷蘭文於巴達維亞出版，之後又陸續譯成德、日、英、俄、韓等七國文字發行。

二、行政相驗

係指在家無病自然死亡，或於醫院病危後移送回家者，由司法警察協助報請當地衛生機關協助者而言。倘若屬偏僻或交通不便地區，或當地衛生所無醫師，應協助其向衛生機關所指定之開業醫師請求檢驗發給證明，或由管區警員會同該管村里長發給證明文件（參台灣地區檢警勘驗屍體應行注意事項）。受刑人在監死亡，監獄長官應通知檢察官相驗，及通知其家屬，並報請監督機關備查，又按公務員於所辦事件，不得收受任何餽贈。另公務員不得假借權力，以圖本身或他人利益，並不得利用職務上機會，加損害於人，公務員服務法第十六條第二項、第六條固分別定有明文。然若公務員其對喪家給予紅包，係基於習俗始於行政相驗後，喪家依習俗均會包給紅包，以討吉利，無收受賄賂意思等情事，應堪採信。

以台北市為例申請相驗：

1.民眾家屬如在宅病故需申請行政相驗時，若為病死或自然死亡請先備齊亡者之最近就醫資料。

2.以電話申請（1999後按＊8888），由市醫call center受理，轉知區域稽查站連絡醫師。

3.由聯絡轄區院所回電給申請之民眾並確認醫師前往時之時

間與交通工具。

4. 醫師相驗後若為病死或自然死亡，民眾則與醫師回院繳費，若非為病死或自然死亡則報請司法相驗。

罪與罰之分界

在中國封建社會，不孝是犯了「逆倫」之罪，被看作是諸惡之首。「刑三百，罪莫重於不孝」（《呂氏春秋·孝行覽》）。在《唐律疏儀》中把「十惡」作為律條，「不孝」為「十惡」之一。「不孝」在喪葬道德方面體現為：在父母喪期內自身嫁娶、作樂、釋喪服、穿吉服，以及聽到祖父母、父母死而匿不舉哀，甚至詐稱祖父母、父母死等皆屬之。

活著的人有他所特有的權利不容任意加以傷害、褻瀆等要素，而這也必然是一種能為人類尊嚴所能輕易感受到的事。同樣地當一個人的生命逝去，也應該擁有「生命中許多不可擅自承受的沉重與尊嚴」。論語曰：（對父母）「生，事之以禮，死，葬之以禮，祭之以禮。」因而先人墳墓前，每逢忌日、清明、後人跪拜如儀，這也是我們民族生生不息的一種精神傳承。而法律上所謂的「殯葬費」包括收殮及埋葬費用，因此如發生損害賠償時，其賠償範圍應以實際支出之費用，並斟酌被害人當地之習俗、被害人之身分、地位及生前經濟狀況來決定其數額。

另外以「日本」為例來討論與中國文化的關連性可窺端倪：關於「日本」孝服的最早記述，為「日本書紀」的仁德天皇穿了「素劑」之時就有，此一素服在朝鮮半島、中國穿的均一樣是以「白色孝服」來看，即可知在東北亞與中國傳統的文化關連性是十分密切的。

而依據《大清律例・刑律・賊盜・發塚》中記載在地方法規的制定中，除非當民間風俗習慣與官員們的切身利益出現緊密聯繫時，他們才會將其作爲立法參考的要素，而根據當時法律，盜墓爲重罪，掘至棺槨即處杖一百、流三千里，見屍者處死刑，當地官員也必須負責，如其轄區內發生掘墓之案，分別依情節按照命案方式等處理辦法限期偵破，否則將有參革之虞，但如盜竊未殯未埋的棺槨且未見屍，僅處杖一百、徒三年，官員的責任也相對較輕，足見中國自古即對墓地的重視。

生命無論從「胚胎著床」或到「將來老死」，依據傳統倫理道德來看，各國都存在著這種「慎終追遠」的牽絆，因此爲了尊重生命曾經存在的價值與意義，我們的先人便透過法律與道德制約來加以保護與規範，以避免後世子子孫孫淡忘這種美德，並進而發生有損人不利己的舉動產生，因此本文特別將相關法律整理如次，供讀者參考之。

一、褻瀆亡謝靈部分

對於墳墓（以實際埋有屍體者）公然侮辱、妨害喪、葬、祭禮者（disrespecting worship）（例如故意在喪禮進行中燃放鞭炮慶祝），因遺產爭執，妨害喪葬（例如停棺不殮葬）均應成立本罪（參1935年院一三二七）。依刑法第二四六條處六月以下有期徒刑、拘役或三百元以下之罰金。

二、侵害屍體部分

損壞（例如焚燒、支解等）、遺棄（例如將被害人勒死，並棄屍於草地或河裡）、汙辱（剝光衣服、精神上或物質上的汙辱或姦屍，亦即必須對加害之對象爲行爲人知悉爲必要）或盜取屍體，

依刑法第二四七條第一項處六個月以上、五年以下有期徒刑，未遂犯亦罰之。

損壞、遺棄（指不依當地風俗習慣埋葬或火化）或盜取遺骨、遺髮、殮物（包括棺木、骨灰罈、陪葬飾物等）或火葬之遺灰者，依刑法第二四七條第二項處五年以下有期徒刑，未遂犯亦罰之。

屍體指人類死亡其筋絡尚未分離，而分離者為遺骨、遺髮。

三、挖掘墳地部分

蓋本條乃係保護社會敬重墳墓之善良風俗，而非保護墳墓之本身或死者之遺族，因此凡除去覆土掘開墳地、暴露屍棺遺骨者，均依刑法第二四八條處六月以上、五年以下有期徒刑，未遂犯亦罰之。

首先挖掘墳墓之成立必須有開發起掘之故意，但如目的係在遷葬則不屬之，倘對於挖掘他人墳墓無故意，卻因建築新墳致損害他人墳墓的情形，則屬毀損罪。

四、挖掘墳地結合侵害屍體部分

凡除去覆土掘開墳地、暴露屍棺遺骨外，更進而損壞、遺棄、汙辱或盜取屍體者，依刑法第二四九條第一項處三年以上、十年以下有期徒刑。

凡除去覆土掘開墳地、暴露屍棺遺骨外，更進而損壞、遺棄或盜取遺骨、遺髮、殮物或火葬之遺灰者，依刑法第二四九條第二項處一年以上、七年以下有期徒刑。故發掘墳墓而有遺棄遺骨與盜取殮物兩種情狀者，亦不過一個行為所包含之多種態樣，只應構成一罪，無適用第七十四條之餘地。

依特別法之懲治盜匪條例規定，如符合該法第四條第一項第一款意圖勒贖而盜取屍體者，及第二項聚眾持械，毀壞棺墓，而盜取殮物者，處死刑、無期徒刑或十年以上徒刑，未遂犯罰之，預備犯則處二年以下有期徒刑。

另該法第五條第一項第二款，凡除去覆土掘開墳地、暴露屍棺遺骨外，更進而盜取殮物者，處無期徒刑或七年以上有期徒刑。

對直系血親尊親屬（包括養父母在內）犯前述各罪者，加重其刑至二分之一。

五、禁止查封部分

依據強制執行法第五十三條第一項第四款之規定：「不得查封遺像、牌位、墓碑及其他祭祀、禮拜所用之物。」

六、損害賠償

同時侵害生命之賠償，依據民法第一九二條第一項之規定：「不法侵害他人致死者，對於支出殯葬費之人，亦應負損害賠償之責任。」前開損害賠償請求權依同法第一九七條第一項規定自請求權人知有損害及賠償義務人時起，二年間不行使而消滅。自有侵權行為時起，逾十年者亦同。有關侵害生命所得請求之賠償範圍，如欲進一步瞭解賠償之實際內容請參閱拙著《車禍之民事責任》。

殯葬設置管理之法律規範

台灣地區地少人稠，自然環境之保護極為重要，土葬墳墓之設置對整體自然環境及景觀有潛在性之威脅，國家基於公共利益

之考慮，而立法要求設置墳墓在事前先經政府機關之審查，符合憲法第二十三條之「必要性原則」，並無違憲之處。而於山坡地或森林開發建築用地、興建水庫、道路、探礦、採礦、採取或堆積土、石或軍事訓練場、經營遊憩用地、運動場地、設置公園、墳墓、處理垃圾等廢棄物及其他開挖整地者，應經調查規劃，依水土保持技術規範實施水土保持之處理與維護，此為水土保持法第八條第一項第五款所明定。又該款之開發、經營或使用行為，依同法第十三條第一項規定，其水土保持義務人應先擬具水土保持計畫，送請主管機關核定，如屬依法應進行環境影響評估者，並應檢附環境影響評估審查結果一併送核，其水土保持計畫未經主管機關核可前，各目的事業主管機關不得逕行核發開發或利用之許可。違反者，依同法第三十三條第一項第二款規定，處六萬元以上三十萬元以下罰鍰。未依規定擬具水土保持計畫送主管機關核定而擅自開發者，除依同法第三十三條規定按次分別處罰外，主管機關應令其停工，得沒入其設施及所使用之機具，強制拆除及清除其地上物，所需費用，由經營人、使用人或所有人負擔，並自第一次處罰之日起兩年內，暫停該地之開發申請，復為同法第二十三條第二項所規定。

當台灣地區已逐步邁入高齡化社會時，未來人口死亡率將隨著老年人口的增加而提高，因此而衍生的治喪與殯葬設施的供需問題便成為必須事先考量的環境因素。就治喪設施而言，生活品質的需求，環保觀念的提升，遺體冷藏、出殯禮堂、火化焚爐已供不應求。就殯葬設施而言，國人向來注重風水，風景優美的山坡地，往往成為墓地選擇的對象。因此墓地規劃及土地使用管制，便是一項極為重要的課題。所謂臨終處理，是指人在彌留狀態時的一些準備工作，包括穿壽衣、買紙轎以備斷氣時，其中

「燒轎」便是向天庭報告死亡的消息及通知親友、選擇安葬之方式等等。

　　喪葬道德的內容在現實層面上決定了有關喪葬禮儀法律的內容。目前內政部掌管殯葬業務和宗教業務的單位，分屬民政司的禮儀民俗科與宗教輔導科，正好避免讓人們將禮儀和宗教混為一談。有道是「死得其所，乃人生最終的一種心願」。因此無論任何人都必須要明白這中間所傳承的是子孫繁衍與茁壯的生命基石，所以相關殯葬之一些規範必須加以瞭解，以免因無法安葬，而無端造成子孫及死者的困擾，同時墳墓設置管理條例業於2002年7月17日廢止。

一、殯葬之劃分

　　依殯葬管理條例第二條第二款之規定，公墓是指供公眾營葬屍體、埋藏骨灰或供樹葬之設施。而「已設公墓」依其施行細則第十一條規定包括：

1. 合法設置之私立公墓。
2. 於墳墓設置管理條例施行前已設置，並於該條例施行後完成補行申請設置程序，且於主管機關登記有案之私立公墓。
3. 經主管機關列管有案之公立公墓。

　　依同法第二條第五款骨灰（骸）存放設施，指供存放骨灰（骸）之納骨堂（塔）、納骨牆或其他形式之存放設施。

　　私人或團體得設置私立殯葬設施。私立公墓之設置或擴充，由直轄市、縣（市）主管機關視其設施內容及性質，定其最小面

積。但山坡地設置私立公墓，其面積不得小於五公頃。

二、墳墓設置應行注意事項

1. 依殯葬管理條例第十七條之規定，殯葬設施規劃應以人性化為原則，並與鄰近環境景觀力求協調，其空地宜多植花木。公墓內應劃定公共綠化空地，綠化空地面積占公墓總面積比例，不得小於十分之三。公墓內墳墓造型採平面草皮式者，其比例不得小於十分之二。於山坡地設置之公墓，應有前項規定面積二倍以上之綠化空地。專供樹葬之公墓或於公墓內劃定一定區域實施樹葬者，其樹葬面積得計入綠化空地面積。但在山坡地上實施樹葬面積得計入綠化空地面積者，以喬木為之者為限。實施樹葬之骨灰，應經骨灰再處理設備處理後，始得為之。以裝入容器為之者，其容器材質應易於腐化且不含毒性成分。

2. 同條例第十七條規定：「本條例施行前依法設置之私人墳墓，於本條例施行後僅得依原墳墓形式修繕，不得增加高度及擴大面積。經依第二十五條規定公墓墓基及骨灰（骸）存放設施之使用年限者，其轄區內私人墳墓之使用年限及使用年限屆滿之處理，準用同條規定。1983年11月11日墳墓設置管理條例公布施行前，經主管機關核准設置之私立公墓，其緊鄰區域已提供殯葬使用，並符合第八條之規定者，於本條例施行後一年內，得就現況依第六條及第七條規定辦理擴充、增建之補正申請，不受第五十五條第三項強制拆除或恢復原狀之限制。」

3. 同條例第七條規定：「殯葬設施之設置、擴充、增建或改建，應備具下列文件報請直轄市、縣（市）主管機關核

准，其由直轄市、縣（市）主管機關辦理者，報請中央主管機關備查：

(1)地點位置圖。

(2)地點範圍之地籍謄本。

(3)配置圖說。

(4)興建營運計畫。

(5)管理方式及收費標準。

(6)經營者之證明文件。

(7)土地權利證明或土地使用同意書及土地登記謄本。」

4.同條例第八條規定：「設置、擴充公墓或骨灰（骸）存放設施，應選擇不影響水土保持、不破壞環境保護、不妨礙軍事設施及公共衛生之適當地點為之，其與下列第一款地點距離不得少於一千公尺，與第二款、第三款及第六款地點距離不得少於五百公尺，與其他各款地點應因地制宜，保持適當距離。但其他法律或自治法規另有規定者，從其規定：

(1)公共飲水井或飲用水之水源地。

(2)學校、醫院、幼稚園、托兒所。

(3)戶口繁盛地區。

(4)河川。

(5)工廠、礦場。

(6)貯藏或製造爆炸物或其他易燃之氣體、油料等之場所。

前項公墓專供樹葬者，得縮短其與第一款至第五款地點之距離。」

5.同條例第九條規定：「設置、擴充殯儀館或火化場及非公墓內之骨灰（骸）存放設施，應與前條第一項第二款規定

之地點距離不得少於三百公尺，與第六款規定之地點距離不得少於五百公尺，與第三款戶口繁盛地區應保持適當距離。都市計畫範圍內劃定為殯儀館、火化場或骨灰（骸）存放設施用地依其指定目的使用，或在非都市土地已設置公墓範圍內之墳墓用地者，不在此限。於原有公墓部分面積作其他用途使用者，不適用前項規定。」

6.根據中國大陸殯葬管理條例第十條規定：「禁止在下列地區建造墳墓：

(1)耕地、林地。

(2)城市公園、風景名勝區和文物保護區。

(3)水庫及河流堤壩附近和水源保護區。

(4)鐵路、公路主幹線兩側。

未經批准，擅自興建殯葬設施的，由民政部門會同建設、土地行政管理部門予以取締，責令恢復原狀，沒收違法所得，可以並處違法所得一倍以上三倍以下的罰款。」

三、靈骨塔設置

有關靈骨塔之設置，則依殯葬管理條例第十九條之規定必須分別注意台北市、高雄市及台灣省喪葬設施設置管理辦法之相關規定，並查對其有無合法執照及權狀登記、使用用途是否墳墓用地，其並應向當地主管機關提出合法申請核轉社會處之文件如次：

1.位置圖。

2.地籍圖。

3.配置圖說。

4.經費概算。

5.管理辦法及收費標準。

6.土地權利證明或使用同意書及地籍謄本。

7.無妨礙區域、都市計畫證明書。

四、墳墓之遷葬

依殯葬管理條例規定：墳墓遷葬應先經公告，其遷葬之原因包括：

1. 同法第二十八條規定：「公立殯葬設施有下列情形之一，直轄市、縣（市）、鄉（鎮、市）主管機關得辦理更新或遷移：

    (1)不敷使用者。

    (2)遭遇天然災害致全部或一部無法使用。

    (3)全部或一部地形變更。

    (4)其他特殊情形。」

2. 同法第三十五條規定：「依法設置之墳墓，因情事變更致有妨礙軍事設施、公共衛生、都市發展或其他公共利益之虞，經直轄市、縣（市）主管機關轉請目的事業主管機關認定屬實者，應予遷葬。但經公告為古蹟者，不在此限。」及平均地權條例第六十二條之一規定：「重劃區內應行拆遷之土地改良物或墳墓，直轄市或縣（市）政府應予公告」自明。

第三節　放下悲傷

　　當我們面對親人過世後，慢慢停止哭泣時，相信大都會明白，死去的親人並未曾離開，他們只是換一個方式生活在我們的心中，所以我們要更堅強，並勇敢的去面對，因為這是他們心中唯一的牽絆。除了漢人社會忌諱死亡，在台灣原住民的社會中，死亡同樣也被視為一種禁忌，其中有著更多的繁文縟節必須遵守，不過由於生活文化背景的不同，原住民的喪葬禮俗跟漢人有很大的差異，尤其死亡儀式，因為事屬禁忌，使得外人不易瞭解，因而更增加了神祕感。

　　然而此時我們也才會深思為何在面對生死課題時，不願面對而選擇逃避後所帶來的遺憾與煎熬，是非常不智的遲延性頓悟。事實上，死亡也是生命整體的一部分，如同出生一樣是屬於自然的一部分，不論貧富貴賤、美醜善惡，每個人都會走到生命的終點，這也是老天爺對人類最公平的待遇。古人有云：「生死有命，難脫定數」，意思就是要人坦然面對死亡，因為人生每一個階段都必須停下腳步，聽一聽自己內心的聲音，在「當下」才能決定「放下」，也才能真正明白「獲得」與「自由」的人生取捨。

　　不過有時候獨自面對悲傷的創痛時，往往很難自拔，有些人可以靠時間來自我恢復，但有些人則必須透過專業心理諮商來重建心靈，同時根據資深的精神科醫師及諮商人員認為，以團體聯合諮商的方式，可以很自然的透過經驗分享、痛苦宣洩、相互扶持來達到修復心靈的功效，畢竟痛苦的深植程度因人而異，透過團體分享，讓自己不再孤獨無依，進而能夠彼此相互牴勵與提醒，讓彼此重新去找尋自我的人生價值，並進而擁有具建設性的

未來人生，化悲痛為力量，在人世多種一些福田，以佛家之說法是可以回饋給自己過世的親人，自己心靈也可以有所寄託，特提供讀者自我面對生死的反思參考。

中國自古以禮傳家，喪禮是我國固有文化中最精密的瑰寶，古禮中相當重視「慎終追遠」，因而十三經中的《禮記》、《儀禮》，均對喪禮有詳細的敘述，然而現代人對於「禮」多半生疏，對於喪禮儀式所蘊涵的意義更是「模糊不清」而任人擺布，遇到親人過世而方寸大亂，只好聽由族親長輩或葬儀社的安排。

因而對於喪事當中一些概念必須能夠加以釐清，其中包括：裝殮死者是穿單不穿雙的，一般多為十一、十三件壽衣，或要求「女七、男九」或有「五領三腰，上九下七」的講究，棺底要放置七個銅錢、七柱香、七條線、七張麻紙等物，掘墳打墓的人取單不取雙，一般為五人或七人，埋葬完後有「覆三」（葬後三日進行獻祭）、「齋七」（每七天設祭一次，共七次四十九天）等祭奠儀式必須特別注意。

另外有關之遺像、牌位、墓碑及其他祭祀、禮拜所用之物，依強制執行法之規定不得查封外，有關之喪葬津貼包括：

1.勞工保險條例（2003年1月29日修正）第七節規定之死亡給付有喪葬津貼及遺屬津貼二種，前者於勞工保險條例第六十二條至第六十四條定有明文，後者則於第六十三條及第六十四條設有規定，而第六十五條係規定「受領之遺屬順序」。關於喪葬津貼之請領程序，勞工保險條例施行細則第八十八條第四款規定，被保險人依本條例第六十二條請領者，應備「載有死亡日期之戶籍謄本，死者為養子女時，並需載有收養及登記日期」。又同細則第八十九條第四

款亦規定，依本條例第六十三條或第六十四條請領喪葬津貼及遺屬津貼者，應備「載有死亡日期之全戶戶籍謄本，受益人為養子女時，並需載有收養及登記日期[2]」。

勞工保險條例

第62條　被保險人之父母、配偶或子女死亡時，依左列規定，請領喪葬津貼：

一、被保險人之父母、配偶死亡時，按其平均月投保薪資，發給三個月。

二、被保險人之子女年滿十二歲死亡時，按其平均月投保薪資，發給二個半月。

三、被保險人之子女未滿十二歲死亡時，按其平均月投保薪資，發給一個半月。

第63條　被保險人死亡時，按其平均月投保薪資，給與喪葬津貼五個月。遺有配偶、子女及父母、祖父母或專受其扶養之孫子女及兄弟、姊妹者，並給與遺屬津貼，其支給標準，依左列規定：

一、參加保險年資合計未滿一年者，按被保險人平均月投保薪資，一次發給十個月遺屬津貼。

二、參加保險年資合計已滿一年而未滿二年者，按被保險人平均月投保薪資，一次發給二十個月遺屬津貼。

三、參加保險年資合計已滿二年者，按被保險人平均月投保薪資，一次發給三十個月遺屬津貼。

第64條　被保險人因職業傷害或罹患職業病而致死亡者，不論其保險年資，除按其平均月投保薪資，一次發給喪葬津貼五個月外，遺有配偶、子女及父

母、祖父母或專受其扶養之孫子女及兄弟、姊妹者，並給與遺屬津貼四十個月。

2. 公教人員保險法（2005年1月19日修正）第十七條規定：「被保險人之眷屬因疾病或意外傷害而致死亡者，依下列標準津貼其喪葬：

(1) 父母及配偶津貼三個月。

(2) 子女之喪葬津貼：年滿十二歲未滿二十五歲者二個月；未滿十二歲及已為出生登記者一個月。

前項眷屬喪葬津貼，如子女或父母同為被保險人時，以任擇一人報領為限。」

同時在處理喪葬的過程當中，務必小心不法的葬儀社利用喪家慘遭家變的陰霾來敲詐，因此務必找一家信譽良好及簽署正式的承辦契約，如此才能避免問題發生，倘若發生時，在法律上可分別加以處罰如下：

1. 刑事詐欺：刑法第三三九條第一項詐欺罪之成立，以意圖為自己或第三人不法所有，以詐術使人將本人或第三人之物交付為要件，謂以詐術使人交付，必須被詐欺人因其詐術而陷於錯誤，若其所用方法，不能認為詐術，亦不致使人陷於錯誤，即不構成該罪[3]。

刑法第三三九條第二項之詐欺罪，以得財產上不法之利益為要件，例如取得債權，免除債務之類，若詐得現實之財物，即與財產上不法之利益有別，應屬同條第一項之範圍[4]。

而倘若葬儀社經常以此法來詐騙喪家以獲取暴利時，則依刑法第三四〇條之規定為常業詐欺罪，其即指以犯詐欺行

為為生之事業者而言。

2. 民事詐欺：被詐欺（以詐術使人陷於錯誤，例如費用絕不會超過而假藉名目亂加）而為意思表示者，依民法第九十二條第一項之規定，表意人固得撤銷其意思表示，惟主張被詐欺而為表示之當事人，應就此項事實負舉證之責任[5]。

另外各縣市政府所屬之殯儀館擅自敲拿紅包的情形，例如上粧要擦三層粉、化粧粉還要分等級、冰庫有無空位要錢才能插隊、火葬及殯儀館告別式大廳要排隊，如此得請民代或有背景才能插隊等情況，這些都必須要特別注意，如有問題應立即向各縣市政府政風室反應處理，另外則是刑法上之公務員，係指依據法令從事於公務之人員而言，如依照公墓火葬場、殯儀館、納骨堂塔管理規則，僱用之公墓管埋工，掌理勘測公墓使用面積，催收公墓使用費等事務，即屬依據法令，從事於公務之人員[6]。以免在悲傷的情緒中更增添無端不必要的衝突產生，使心情更加惡劣，一併在此敘明。

葬儀程序

一般喪葬可由親族協助自行辦理或參加各縣市政府舉辦之聯合公祭，或者委託葬儀社來承辦，如果委託葬儀社，最好喪家與葬儀社能簽署喪葬契約書，明確表明所欲花費之費用及一切喪葬明細事宜。其契約範例如表6-1：

表6-1 喪葬契約範例

喪葬承攬契約書

立契約書人 _____（以下簡稱甲方）委託
_____ 葬儀社（以下簡稱乙方）承辦 _____ 之殯葬事宜，特擬
訂以下條款共同遵守之：

一、甲方同意委託乙方承辦 _____ 之殯葬事，並訂於民國 ____ 年 ____ 月
　　____ 日 ____ 時整辦理開弔事宜，並於該日 ____ 時後採行 ____ 葬方式後，
　　移靈 _____ 。

二、本次費用總計新台幣（下同）_____ 元，其中包含項目如次：
　　代辦服務費：_____ 元。
　　殯葬費：_____ 元。
　　土葬：包括土葬棺木、支出築墓材料及工資、墓碑及后土（即墓地購
　　　　置費用）等相關費用。
　　火葬：包括關於火葬棺木費、骨灰罐費用及寄存骨灰罐等費用。
　　葬禮及祭祀相關可請求之費用：_____ 元。
　　花山式堂及祭祀相關費用：例如選日禮金、白壽金、白手黑襪、麻
　　布、白布、紅布、白絲、靈桌、白襯衣、道士費、誦經祭祀費、遺像
　　相框、告別式布置、紙錢、壽被均被認為係喪葬禮俗所必需之費用
　　（以上一律依報價單上詳細記載者為憑）。
　　至於相關屍體處理相關費用：此部分包括太平間運屍及停屍費用（包
　　括屍體保管、化妝、牽魂、式場設備）、抬棺工資、靈車租費、禮堂
　　承租、規費及一干紅包則核實計收。

三、除上開約定之費用外，乙方保證絕不額外加收本約定以外之任何費
　　用，或者以任何名目利用甲方親人情緒低落時，變相詭騙加收任何費
　　用，否則甲方得依約拒絕給付該部分款項，乙方絕無異議。

四、本約之付款方式：於喪事處理完畢後貳週內，甲方保證無條件於 ____
　　日內支付，絕不拖延，否則願賠償違約金 _____ 元。

五、本約於雙方代表正式簽妥後，即生效力。

六、本合約如有爭議，雙方同意以 _____ 地方法院為第壹審管轄法院
　　（或委由中華民國仲裁協會仲裁之）。

本約由雙方出於自由意願簽定，並無任何勒迫情事，並由雙方各執一份以
為憑證。
　　　此　約

　　　　　　　　　　　　　　　立契約書人
　　　　　　　　　　　　　　　甲方：_____
　　　　　　　　　　　　　　　住址：_____
　　　　　　　　　　　　　　　乙方：_____ 葬儀社
　　　　　　　　　　　　　　　代表人：_____
　　　　　　　　　　　　　　　住址：_____

　　　中　華　民　國 ____ 年 ____ 月 ____ 日

至於一般喪家實際的葬儀處理步驟，一般均會依以下之順序逐步進行，特臚列供參考：

一、往生前置處理

1. 先將死者送往殯儀館，一經醫生鑑定並宣告死亡，應即申辦死亡證明書十份備用（例如申請土葬、火葬、除戶證明等）。無論在醫院、家中或其他場所，應即以電話通知殯儀館派專車將遺體運往冰藏，尤其台灣天熱，唯有殯儀館有良好的冷凍設備，而且對處理上有豐富的經驗，才能防遺體腐化，舊式的所謂「停靈內寢、擇日大殮」，依現代的眼光來看，頗不足取。遺體啟程時，宜由親友陪伴死者妻（夫）兒（女）一同前往，以盡孝思，同時應注意家屬中如有年邁或多病的，最好勸阻不必前往，以免觸景生情、悲慟過度，並應找醫師在旁照料，免生意外。抵達殯儀館後，照例須辦理登記，並即移入冰庫，同時熟記冰櫃號碼，以便移靈時憑認之用。

2. 換壽衣：繼而為死者洗身後換壽衣，稱「套衫」，使用之櫛具折斷之，一片棄於路上，一片置於棺內。為死者穿服之壽衣，係用死者生前壽辰由其兒女贈製之「張老衫仔褲」，女之壽衣即用婚嫁時穿之「白布衫、白布裙」。壽衣至少五件多至十三件，但需奇數，不能用偶數，因喪事只可單不可雙，以避免不吉，此由孝女負擔。

3. 抽壽：換壽衣後，另有「抽壽」之俗，則喪家人均食麵線（壽麵）煮烏糖（亦稱紅糖）者。糖原用於吉事，喪事反而用糖，蓋此假借化兇為吉，故俗稱抽壽，據說死者年歲可添加於子孫壽命，為吉兆。

二、即時約人協同辦喪事

一般人家辦喪事，雖不一定要「治喪委員會」似的組織，至少也得約幾個此較有閒而且熱心的朋友協同辦事，否則頭緒紛亂，只靠一、二個人是不行的，至於要約多少人得視實際情況而定，如果有必要而且可能的話，最好約三、五位稍有經驗的朋友幫忙，以二人管總務、一人管財務、收支款項，一人管布置，一人擔任招待或其他臨時雜務、安排妥當即可開始辦事。

三、與殯儀館洽談有關治喪事宜

通常殯儀館的人會請問下列諸問題：

1. 開弔時間：以目前台北市為例，市立殯儀館安排時間方面並不簡單，尤其最大的「景行廳」及大吉之日更難有較早的檔期，必須先查詢清楚，理想的時間以一星期至十天之後為佳。若因為時間太倉促，準備事項沒有辦妥，則似乎對死者不敬，這總不太好，至於其他較小的「福壽廳」、「懷德廳」、「至誠廳」……則也許容易些，但皆需要視實際情況而定。

依過去的經驗，弔喪的時間多半選在上午，也因大家都選上午，所以比較擠，選在上午開弔的理由，非常明顯的是為了前一夜的「孝家守靈」，俾盡最後的哀思，因此下午多半空些（其實下午開弔也沒有什麼不好，只是無法過夜守靈而已，稍為開通的現代人而不拘泥於此形式之人家，不妨考慮在下午開弔，如此在安排檔期方面比較容易有選擇的餘地。至於過夜守靈不外是略盡最後的孝思，如果孝思一定要到此最後一刻才來表示，基本上就沒有多大意義，

不過此僅爲就事論事提供一點意見，還得孝家自行拿主意，不必勉強。一俟開弔時間確定，就可續辦其他事務，例如印訃文。

2. 喪禮採取何種宗教儀式：大多數舊式家庭採用佛教儀式，此種儀式無非請和尚、道士唸經超度，和尚、道士等可由殯儀館或葬儀社安排洽請，唸經及放焰口次數的多寡可由喪家決定，這只是費用方面的問題，習慣上也有親友贈送的，換句話說是親友們爲紀念死者，出錢請和尚、道士唸經，通常喪家應表示接受與感謝。

至於天主教做彌撒，基督教做追思禮拜，可能借教堂舉行，也有在殯儀館靈堂舉行的，無論做追思禮拜或做彌撒，需洽請相熟的牧師或神父主持講道，而且得麻煩一位親友屆時報告死者生平事蹟，最好印一份追思禮拜、彌撒之節目表，其中包括死者的遺像、生平事略、牧師（神父）主講有關聖經中的章節、聖歌歌詞等。

以下是委託葬儀社時應注意的一些習俗：

1. 服飾上：即所謂五服之斬衰（粗麻布修邊）三年服、齊衰（粗麻布修邊）五月或三月服、大功（粗熟麻布）九月服、小功（細熟麻布）五月服及總麻（絲麻）三月服。目前一般常見會準備的僅分黑衣及麻衣兩種。同時妻媳子女，七日不修沐，不飾粧。服喪之孝服如下：

「麻」──麻布。子女、兒媳、長孫用之。

「苧」──苧布。孫、甥、姪用之。

「淺」──淺布。曾孫及其同輩用之。

「黃」──黃布。玄孫及其同輩之之。

「紅」──紅布。直玄孫之兒子用之。

「白」──白布。與死者同輩及外親用之。

2. 棺柩：乃由六塊木板組成，蓋屬主板爲天、底爲地、左右稱日月牆、頭爲龜頭、尾爲龜尾。殮前曰棺，殮後曰柩。目前棺木可分爲西式與中式，近來更有玻璃纖維製品。死後，身上覆蓋水被，腳下供「腳尾飯」，燒銀紙、點香燭，以供死者餐用、路費以及照明之用。另以白紙板書寫死者姓名、死亡年月口，做成「魂帛」暫代牌位，供於正廳一角，謂之「豎魂帛」。又取下天公爐，以布遮蓋神明、祖先靈位；門聯斜貼白紙條，以爲喪家的表示。

3. 納棺：置屍於廳上一、二日，爲防腐臭，乃請道士擇定吉刻，將屍體納入棺內，是爲「入殮」，俗稱「入木」。納棺前並以十二菜碗祭死者，謂之「辭生」。辭生後又有「放手尾錢」之儀，以卜子孫富貴。

4. 割鬮：喪俗有「割鬮」者，係以長麻一端擊於死者身上，他端則由遺屬各執其一段，而由道士唸吉句，將絲一一斬斷，然後各人將手中麻絲包入銀紙燒之，俗如是可與死魂斷絕來往，此後始免被擾。又於喪事，道士在一盆水中放黑麻油，喪家每人用指頭沾濡此水於眉下處，俗稱「洗淨」，意爲潔淨。納棺前，前來祭拜之儀，稱「拜烏」；納棺時由道士供祭，稱「收烏」。「收烏」程序爲：

(1) 棺材底放草絲，草絲上放燒過的灰，也是用以吸附屍體的水氣。

(2) 灰上放銀紙，銀紙上添放庫錢，作爲前往陰府用的金錢。

(3)放「七星（太極）枋」，乃是寫有七星的薄板。

(4)放桃枝，防亡魂前往陰間遇到惡狗，而桃枝可驅逐。

(5)放「過山褲」，也就是登山時穿的褲子，用白布剪個樣子，而且一邊要縫對，一邊要縫錯，亡魂如果遇到魔鬼，就拿出褲子丟在路上，魔鬼發現褲子後，一定會穿上，但因有一邊是縫錯的，魔鬼穿來穿去，要花很多時間，亡魂就不會被魔鬼捉到。

(6)放「雞枕」，是用紅布、白布縫成的枕頭，中間放有銀紙。

(7)放金器和寶石，為的是鼓勵子孫日後能為死者洗骨。

(8)放「水被」，即棉被，蓋在死者身上。

(9)放「掩身旗」，這是道士做的白布，長度和棺材一樣，死者有幾個子女，就撕成幾條，把剩下部分放在棺材中。

(10)放銀紙將棺材內部塞滿作為福壽雙全。

5.靈堂的布置：靈堂布置以莊嚴肅穆為原則，正後方牆壁上紮「花牌」，前方則為花山式堂，並紮上黃色花朵圖案，當然全花者氣派大些，花牌之正前方置靈桌，靈桌後方正中央置四周紮有黃色鮮花之二十四吋遺像（用黑邊鏡框）一座，靈桌上通常置備鮮花（黃、白菊花為主）供素果、供菜，中間放靈位，兩旁置大香燭一對，另有香爐等。如有致送素花籃者可置放靈桌兩旁，以八字形排開較宜。

如蒙國家元首或高級長官頒賜橫式輓額著可高懸靈堂正中央上方或其右，孝家輓聯（死者之夫或妻及子女等之輓聯，以「跨鶴登仙」、「駕鶴西遊」、「駕返瑤池」）則以掛在遺像兩旁正後方之花牌上，其他各界人士致送之輓聯、

輓幛則可按職務高低、尊卑先後的順序分別掛在靈堂兩旁牆壁上。其內並置有座椅若干,以備弔唁者在行禮過程中休息之用、靈堂門外小間左右置長桌:一邊爲收禮處、一邊爲簽名處(如靈堂太小、收禮簽名桌可放在靈堂外兩側空地上)。

關於靈桌上大蠟燭的顏色問題,一般均用純白色,惟有若干喪家因死者高壽已逾七十或八十,而且子孫滿堂,認爲是福壽全歸,希望點大紅蠟燭的,當然,這種作法並無限制,不過靈堂內空氣悲傷嚴肅,死者家屬尙在痛哭流涕以表哀思,而點紅燭,氣氛上極不調和,喪事究非喜事,似應避免爲宜。

另外一般葬儀所謂的外牌與外買不同,必須特別注意:外買係指另外再加一層裝飾牌樓,此必須加錢;外牌則單指在原外牆上裝飾。

6.訃聞之刊發:在選好日子並向殯儀館訂妥禮堂後,爲向親友們報告死者逝世及弔喪時間地點,應即發「訃聞」,其方式爲刊在當地報紙第一版,次數多寡不定,如登報之日起至開弔日有一星期以上之時間者,可登兩次、三次,一般以開弔之前一日爲最重要。

其次印發訃聞寄發,有的喪家只登報紙訃聞,不另印發訃聞,只在報上註明「恕不另訃」字樣,但有的兩者並行,除刊登報紙訃聞外,另行印發訃聞,這種印發的訃聞,通常以十六開大小的模造紙印刷,正面左上方印一特大號紅色的「訃」字,左下方印喪居地址,中間印紅色粗框,類似於普通信封樣式但較大些,內面印訃聞正文,其一般通行的格式如表6-2:

表6-2 訃聞格式

甲式（佛教通式）
先夫＿＿＿公諱＿＿＿字＿＿＿府君慟於中華民國＿＿＿年＿＿月＿＿日＿＿
午＿＿時病逝＿＿市＿＿醫院距生於民國（前）＿＿＿年＿＿月＿＿日享壽
歲未亡人牽子＿＿女＿＿等隨侍在側當即移靈＿＿殯儀館親視含殮遵禮成
服謹擇於民國＿＿＿年＿＿月＿＿日（星期＿＿）＿＿午＿＿時設奠家祭
時起公祭隨即發引火化（或安葬於＿＿＿＿）叨在

乙式（天主教通式）
先夫＿＿＿公諱＿＿＿字＿＿＿府君慟於中華民國＿＿＿年＿＿月＿＿日＿＿
午＿＿時於＿＿市＿＿醫院蒙主恩召安息主懷距生於民國（前）＿＿＿年＿＿
月＿＿日享壽＿＿歲未亡人牽子＿＿女＿＿等隨侍在側在＿＿天主堂舉行追
思彌撒暨告別禮當即移靈＿＿＿殯儀館親視含殮遵禮成服謹擇於民國＿＿＿
年＿＿月＿＿日（星期＿＿）＿＿午＿＿時設奠家祭＿＿時起公祭隨即發引
火化（或安葬於＿＿＿天主教墓園）叨在

世學
姻寅　誼哀此訃
友戚

聞

　　　　　　　　　　　　　　　　未亡人
　　　　　　　　　　　　　　＿＿子　＿＿＿＿＿＿＿
　　　　　　　　　　　　　　＿＿女　＿＿＿＿＿＿＿
　　　　　　　　　　　　　　孝媳　＿＿＿＿＿＿＿
　　　　　　　　　　　　　　胞弟　＿＿＿＿＿＿＿
　　　　　　　　　　　　　　胞弟媳　＿＿＿＿＿＿＿
　　　　　　　　　　　　　　孝孫　＿＿＿＿＿＿＿
　　　　　　　　　　　　　　孝孫女　＿＿＿＿＿＿＿

　　　　　　　　　　　　　　孝婿　＿＿＿＿＿＿＿
　　　　　　　　　　　　　　孝外孫　＿＿＿＿＿＿＿
　　　　　　　　　　　　族繁不及備載

治喪委員會成員名單
主任委員：＿＿＿＿＿＿
副主任委員：＿＿＿＿＿＿、＿＿＿＿＿＿
治喪委員：＿＿＿＿＿＿、＿＿＿＿＿＿、＿＿＿＿＿＿、＿＿＿＿＿＿、＿＿＿＿＿＿、
　　　　　＿＿＿＿＿＿、＿＿＿＿＿＿、＿＿＿＿＿＿、＿＿＿＿＿＿、

總　幹　事：＿＿＿＿＿＿
副總幹事：＿＿＿＿＿＿、＿＿＿＿＿＿

　　　　　　　　　　　　　　　　　喪居：＿＿＿＿＿＿＿＿＿＿

訃聞格式，並無一定格式，上述僅供參考，唯請注意者爲如果父母雙亡，要用「孤哀」子女字樣，如父亡母存用「孤」子女，母亡父存則用「哀」子女，弄錯了會造成笑話。亦有喪家在訃聞中印出死者的生平事蹟者，究應如何印製，可由喪家自行擇定。

7. 收禮處、簽名處：普通喪事各方送禮大致不外花圈、花籃、輓聯、輓幛、奠儀（禮金）等五種，應置備禮簿及謝帖，（一般均有現成印好的禮簿出售），一方面登記收禮項目及數量，一方面寫謝帖交付花店（禮品店）或送禮的工友作爲證明之用，不要以爲這是小事，對孝家而言，他們於喪禮過後，在家居喪期間，第一件想到要看的東西，就是「禮簿」，倒不一定是研究送禮的厚薄，而是看那些長官、親友、同學、同鄉送些什麼東西，自然這裡也看得出世態炎涼、人情冷暖，而作爲將來回報的參考。所以禮簿一定得記載清楚，如果能在最後頁作出一項簡單的統計：花圈、花籃、輓幛、輓聯各若干、禮金總數若干以供孝家徵信，另外在簽名處這一邊，通常是招呼來慰弔者簽名，並隨手送上「死者事略」或送一小朵紙花或塑膠花供佩戴之用（現均有現成的出售，稍微講究的人家多半另外準備白手帕或毛巾一條，這是一種禮貌，千萬不可忽視）。

四、家祭與公祭

家祭典禮以死者最近親屬（直系、旁系四親等以內血親及姻親）參加爲限，通常在一開始最早的時間舉行，家祭以後接著舉行公祭，有追思禮拜者，可在禮拜做完後再行公祭。

關於公祭，如死者生前社會關係多（同鄉、同學、機關團體、學校、工商企業等）可事先安排公祭時間，順序進行，否則臨時組合亦無不可。

公祭儀式通常為：奏哀樂（分為國樂及西樂），樂止。排班，主祭者就位，陪祭者就位，讀祭文（祭文可由殯儀館人員代讀，此類人員亦屬「專門人才」，以川湘籍居多，讀祭文時抑揚頓挫，哀婉感人，平添不少悲傷氣氛）。然後上香、獻花、獻果、獻酒，奏哀樂，向死者遺像行三鞠躬禮，樂止，孝家答謝，禮成，奏哀樂。

五、殯葬

古者三月而葬，近時則不拘，將葬須先擇吉地、開塋域、穿壙穴，以期訃告親友，稱之為告窆。

在以前大家不習慣採用火葬，一般子孫總以為將先人，一把火燒了是大不孝敬，現在由於時代潮流所趨，而且國外用火葬較多，復以交通不便，停柩處所難覓等因素，用火葬的也逐漸增多，不過特別要注意土葬或火葬的棺木完全不同，先說火葬的棺木不能太厚、太大，或用套棺方式處理，材料好壞則聽孝家的意見。以免一般喪家若因當時六神無主，而聽人擺佈，事後會怪辦喪事的親友太不夠交情，務希千萬注意這一點。

至於土葬則問題比較單純，厚薄不拘，只需研究材料好壞及式樣就好，目前一般有中國式（包括傳統上海式及台灣式）及西洋式的兩種，有葬儀公司派人來研商，可斟酌財力及需要加以決定。

市面上棺木材質以黑檀、紫檀最上等，價格也最高，而紅木、柚木則最普遍。

家祭完封釘，男人由同宗、女人由外家（即娘家）行之。封釘由孝男捧「桶盤」，上放「長鐵釘」、「金斧」、「紅包」，請封釘人舉行封釘禮，謂之請斧。封釘順序如圖6-1（切記封釘不可從棺首，而應由棺尾繞）：

圖6-1 封釘順序圖

封釘時，道士唸的吉利好話如下：

一點東方甲乙木，子孫代代居福祿（家屬則須在隨後回叫「有哦」)。

二點南方丙丁火，子孫代代發傢伙（家屬則須在隨後回叫「有哦」)。

三點西方庚辛金，子孫代代發萬金（家屬則須在隨後回叫「有哦」)。

四點北方壬癸水，子孫代代大富貴（家屬則須在隨後回叫「有哦」)。

五點中央戊己土，子孫壽元如彭祖（家屬則須在隨後回叫「有哦」)。

六、旋棺

封釘之後，由道士鳴鐘鈸為先導，引導孝男孝婦繞棺材三

次，稱之爲「旋棺」，孝婦不論在轉柩或旋棺的時候，都要靠棺木上號哭，孝男則跪拜在地。

七、絞棺

旋棺以後，取來木棒放在棺材上，用麻繩好，稱之爲「絞棺」。絞棺之後，再行「棺罩」，就是以物蓋在棺木上，通常是花卉和人物等刺繡，外加五色的「布球」，看來頗爲美麗，現今則用毛氈做爲棺罩者居多。

八、哭棺柴頭

出殯前喪婦女身穿喪服倚棺而哭，稱「哭棺木頭」。

九、弔祭

起棺頭時，外祖女婿等供牲體「弔祭」。對此，喪家視其費用答以比之多額之回禮。

十、發引

發引就是把棺材扛到墓地。弔祭後，喪葬行列開始起行。一般棺材有四人或八人扛棺材。

十一、落葬

就是埋葬的意思。埋葬時，先將棺柩置於墓前，男人在棺的右邊，女人在棺左邊，哀哭一番而禮拜告別。然後由僧道誦經，又在棺木穿氣孔，即在棺木上鑽上一孔，使空氣流入，以便棺內屍體與地下土氣相通，此稱「放栓」。

十二、安靈

「安靈」是於埋葬後,把亡魂牽引到家中,暫時安置在靈桌的意思,這個時候,要準備供物,由道士僧侶誦經,行安靈式,遺族也要燒香禮拜號哭,一直到除靈後,每天早晚兩次燒香禮拜號哭。

十三、登報謝啟

最後不要忘記喪禮過後第二天報紙上的謝啟,答謝親友們前來弔唁。事實上不可能逐個去人家府上叩謝,於是登一次報紙謝啟是最起碼的禮貌,千萬不能忘記,謝啟通常的格式如**表**6-3:

表6-3 謝啟格式

先君（先妣、先夫）之喪承蒙長官鄉戚親友寵賜厚儀並莅臨弔唁,雲情高誼,歿存均感,謹申 謝梱伏維 矜　鑒 　　　　　　　　　　　　　　　　　　（未亡人） 　　　　　　　　　　　　　棘人＿＿＿＿＿＿泣啟

死者之化妝及穿衣

這些問題殯儀館有專家會設計安排,倒不用費太大的心思,通常理髮「修容、化妝」都做得令人滿意,至於穿衣,所謂「五領七腰」是較流行的,如果嫌少也可以再加,五領是指穿五件衣服有五件領子,七腰是指穿各種褲子,此種壽衣有現成的出售,也有孝家老早準備好的,不妨先問清楚,至於棺木內要置放枕

頭、繡花被、蓋被等都可臨時看了樣子再決定。

出殯的注意事項

　　喪禮完成以後，無論是採用火葬或土葬要親友們送往火葬場，或是送往近郊墓地，都算出殯，交情好的親友都願意抽時間參加。送殯人數的多寡，事前只能約略估計，實際參加人數要等臨時才能決定。不論親友有多少自備交通工具，喪家一定得準備數輛交通車（通常是租一般旅行用的遊覽車）以供送殯者乘坐，此處應特別注意時間上的安排，如果要至中午時刻才出殯，必須準備足夠的野餐盒，至少也要麵包、牛奶或其他可樂、汽水等飲料，否則就太不周到而失禮了！

安葬事宜

一、土葬部分

　　土葬有許多忌諱、撿骨與風水等問題，務必要小心注意。其次有關墓地的選擇與興工，如果喪家決定用土葬，則墓地的選擇要盡速決定，以免因施工延擱而造成未完工便下葬的遺憾事，因為這種事有時間性，所以會感到相當匆忙。

　　一般基督教或天主教都有公墓，而政府或民間則有指定的公共墓地，用地的大小、所朝的方向（所謂風水如何）、墳墓的式樣、墓碑的文字切記要「兩生合一老」（即上款與下款為生，中款為老）等等，豐儉各有不同，價格亦懸殊不一，得找地理師（風水先生）及建築包商研究，早日決定，這種事有時會被人敲小竹槓，多花一些錢是難免的，要注意的是如期完工，不要到臨時匆

匆忙忙未完工就下葬，場面極為尷尬。不過目前許多喪家都分兩個階段處理此事，先舉行喪禮而不出殯暫厝殯儀館內，等墓地完全弄妥後再擇吉日安葬，這樣比較好，也不太麻煩親友們。

二、火葬部分

火葬於葬儀完成後便送往火葬場，按順序進行，當輪到將棺木送入火爐時，其子女要高喊死者大名，並要其看到火趕快躲開，然後火化後等撿骨並放入骨灰罈中後，立即送往靈骨塔安置，同時定時誦經，以達「羽化登仙」之境。

火化的由來相傳是孟姜女的丈夫修長城死了以後，她萬里尋夫，來到長城邊的「萬人坑」前，找不到哪個是她的丈夫。沒有辦法，她只好坐在長城邊放聲痛哭。據說因為她哭得感人肺腑、驚天動地，結果將長城哭倒一個缺口，自己也昏死過去了。待她醒來時，她的身旁放有一塊白布，上面寫著：「尋夫血必浸。」孟姜女領悟了，最後，她看到了一具已不成人形的屍首，她滴上一滴血，那血便如一滴水滴在乾枯的土地上，立即浸潤消失了。孟姜女驚喜不已，原來這就是她丈夫的屍首。但是家在萬里之外啊！她如何將其夫往回背呢？半路上，屍首開始發臭腐爛，她自己也累病了。有天晚上，她靠著一塊石崖睡著了，忽然夢見一隻紅尾鳥向她疾聲叫喚：「趕快燒成灰，趕快燒成灰。」天明醒來，孟姜女知道是菩薩的點化，便用柴草將丈夫的屍體燒成了灰，找一戶人家討了一只瓦罐裝了骨灰，用頭頂著順利地回家了。

骨灰安葬後的第七天晚上，她的丈夫同時托夢給村裡的幾個鄉親，說他難得妻子一片深情與賢義，他的骨灰火化後，他的靈魂已升入天堂了。於是，村裡人死後，大家也都仿效著「火化」。

期能火化後靈魂登天堂，時間久了，就形成了一種習俗。

內政部原在1997年初研議寺廟非法設立的靈骨塔完成補造作業，但後來因故暫時擱置，而台北市寺廟、宗祠設置靈骨（灰）塔（堂）申請須知，則規定寺廟設置靈骨塔必須提出水土保持計畫、環境影響說明、土地使用分區證明書、地籍謄本及包括收費狀況等標準，以保障購買者及往生者之權益，但因少有機構提出申請而面臨考驗，因而民眾必須格外小心注意，以免權益受損。

另外美國加州之休士頓星體公司將死者骨灰以每人美金四千八百元之代價送入太空軌道停留十年，一直到該節火箭在大氣層中燒毀為止，亦是另類詮釋。

喪禮前後之儀式

據聞「人死後靈魂仍留在家裡，閻王爺要在七七四十九天內的某個時辰差牛頭馬面勾取亡靈進陰曹」，而此時亡靈非常兇惡，生物觸犯必死，因此稱之為「殃」，此時喪家要請道士或陰陽先生推算出殃，屆時全家老少牲畜均走避，同時在屋內備下洗臉水及各種梳洗用具，意為讓亡靈梳洗打扮好上路，然後等時間一過便燃放鞭炮。葬完後再由道士或陰陽先生帶領，手持一碗水用穀草沾水揮灑，其後一人持鍘刀作砍鍘的動作，稱之「灑掃儀式」以去殃。

葬後之儀禮可分為始虞（行於埋葬當日）、再虞（行於埋葬第三日）、三虞（行於埋葬第四日），即陳牲酒器具，獻祝祭拜，卒哭（於虞後二日行之）。小祥（行於十一月後）、大祥（行於二十三月後）、禫祭（即孝子除縭服之祭，與大祥隔一個月）之禮儀。

最後當家屬經歷過喪親的悲痛後，在處理後事完畢之後，情緒有時未獲得真正地紓解，如此可能會因為壓力而使腦部分泌異

常，呈現出焦慮、失眠、輕易動怒、焦躁不安，甚或出現麻木、意識無法集中、記憶力衰退等現象，如果持續時間過長，很可能會造成永遠的傷害（例如恍惚、環境疏離、失真、片段失憶及生理上無法自律的現象），因此務必注意尋求心理諮商及精神科專業醫師協助治療，如此才能盡早走出悲痛，也才是真正平安渡過，至此整件事情才算是真正的善後措施完全而無遺憾，這點特別提出呼籲！

喪家忌諱

雖然古今中外不同的地區、民族有著各種各樣安葬死者的方式，但仍然有以下比較常見的形式，除一般常見的土葬、火葬外，還有水葬、樹葬、風葬、天葬、海葬及懸棺葬等。

不同民族的傳統文化、宗教習俗、歷史，使得人們對於死亡的認識與思考，起著至為重要的關鍵性作用。這與人類對待死亡、安置死者的行為相對應來看，無疑是人們針對死亡的發生、死亡本體及生命與死亡間關係的另一層次思考與詮釋。因而人類學家們通常把人生各種儀禮，也稱作「通過（過渡）儀式」，並且在這類儀禮中發現，經常有象徵死亡與再生的儀式來表現身分地位的轉換，即表徵著告別舊的存在狀態而進入另一個全新的人生存在階段，這就是「生死」。

過渡儀式始終交織著人們對生與死的「依戀與不捨」，亦即包含對死亡與再生的困惑和思考模式，所以才會透過不斷重複著生命循環（輪迴）、永存的渴望，讓我們中華民族在傳統喪葬禮中，始終孕育這種生命的週轉循環（輪迴）觀念，這其中則有著十分明晰而頑強的明顯內、外在生命之表現。

一、正常死亡和非正常死亡之區分

就像各個民族、各個地區一樣，生命的週行循環觀念也造成了人們對正常死亡與非正常死亡的嚴格區分。許多民族對不同的死者有著諸如僧俗之別、成年與未成年之別、凶死與壽終之別等，亦分別有不同的葬式及相關忌諱。

所謂正常的死亡，一般係指老而壽終正寢，也就是順次經歷了生育、成年、結婚幾個人生階段，並且留下子嗣，亦即完整地走完了人生全過程之後的安詳死亡，這意謂著其經歷一個完整人生的生命週圈。至於非正常死亡，則是人生過程未完而中途夭折。晉陝黃土高原的人們對於正常死亡（老而無病壽終）和非正常死亡（暴疾、難產、溺水、傷害、空難、意外及自殺而亡等），則有著非常明顯不同的情感態度和處置方式，此點可供其他地區的人們參考，故特臚列於後[7]：

青年人或兒童的夭折凶死使親屬們非常悲傷，與老人壽終正寢的「老喜喪」有著截然不同的氣氛。非正常死亡者一般不能享有隆重、熱鬧的喪葬禮，其喪事比較簡單，很快就匆匆埋掉。而且不能葬人祖塋或家族墓地，一般埋在比較偏遠的地方。

有些地方年輕人死了，要打掉一顆門牙再埋葬，據說這樣可以防止不安的亡靈作亂害人。而山西臨縣的一些地方，若死者是未婚的青年男子，要在其棺木上扣置一個瓦盆再行埋葬，人們認為這是為防止他不正經、不安分，勾引活人。

孕婦未產而亡，要將胎兒取出後再行埋葬，否則認為孩子會出來作祟，使家人不得安寧，這時便有民間傳出奉祀嬰靈的廟宇出現。十二歲以下的兒童死亡，一般連棺材都不用，只放入一個很簡陋的木匣裡，送到山中，用石塊壘起來，有的更簡單，只用

穀草紮捆一下，送到山上偏僻之處，讓野獸吃掉了事。

總之，對待非正常死亡，人們在情感態度上、在喪葬儀式舉行與否及氣氛掌控、在葬具與埋葬方式、地點等方面，都與處理正常死亡者有著很大的不同之處。

傳統意識中相對而存在的兩個世界不僅是相互聯繫貫通，而且有著互相轉化變異互動的連鎖關係。我們民族傳統宇宙觀、生命觀的一個核心概念，即是於變化運轉中求生存之道：「變易則存活，不變則僵死」。畢竟人都必須要旅行於兩個連接的空間，面對兩種欲望、兩種不同的凝視，不論是一種昇華，抑或是曇華一現，在在都顯示人類認知的有限，所以想要理解生命的流轉演變，其重要的觀念便需要去認識人生的完整過程，亦即需要將喪葬儀禮放在人生必學儀禮的整個過程中來加以認識：從出生、成年、結婚及死亡是構成完整生命週期必經的各個必經環節。這也是從一個人生階段轉入另一人生階段，必須面對生命路途中的重要關口，所以需有利用一定的過渡形式（儀式），與透過各個階段相應的生、冠、婚、喪禮俗來應對進退，因爲這一切正是因應作爲人生重要關頭的過渡儀式而存在的。

二、死者利生的儀式與禁忌

喪葬儀禮可以說是鄉土社會中最重要的事件，有著十分隆重的氣氛和繁複嚴格的儀式化過程以及諸多禁忌。其基本原因之一是由於在人們的潛意識中，死亡儀式與生存直接相關：它將決定死者在另一界的生存境遇或來世的轉生和子孫後代的盛衰興亡。一時誤差，就可能對生存者造成危害。「喪事辦得好，就能轉個好生辰」，這是一般老百姓相當普遍遵行的一種生死信念。因而，利生是喪禮中許多程式與禁忌的出發點。

傳統喪禮中多有卜再生、卜來世的作法，即預卜死者下世生成何物的儀式。例如晉陝黃土高原，按照習俗人們在抬棺出殯時，要先在院門口篩鋪一片灰渣，上覆白麻紙，紙上再置一盛滿水的瓦盆，水中投放有錢幣。出殯時靈柩從水盆上抬過。葬畢從墓地歸來後，第一件事便是掀開白紙，觀看灰渣上的印記，看其是否有雞、鳥、羊、狗等的爪印或人的足跡，總之印跡像什麼便是死者下世轉生成什麼，還有些地方是在灰渣上扣置一桶，桶上放拼杖和刀，然後掀起桶觀看印跡[8]。

以上這種種禁忌的原因，往往也會因為當事人不知其所以然，只是按照過往長輩的老規矩辦事，所以必須尋求諳熟於此的年長者方能作出正確地解釋道：「人是不生毛的，只有畜類才長毛，給亡人穿戴皮毛，他來世就會變成牲畜。」人們通常也認為不能用綢緞衣服裝殮死者，因為「緞子」諧音「斷子」，還有壽衣上多不縫扣子，只用帶繫，因為「扣子」諧「剋子」，都是不吉利的。

易繫辭：「古之葬者厚衣之以薪」。而古代喪葬禮儀極其繁瑣複雜，其細目難以在此一一盡述詳陳。但它們在後世民間的沿革過程中難免會發生簡化、變異、流失以及某些添加、刪減，不過其主要內容、過程仍然未離其宗。現將中國北方農村近現代比較通行的喪葬儀禮形式和基本程序略述於下[9]：

1. 入殮：為初終時的入棺儀式。
2. 燒倒頭紙：死者氣絕之前，即將衣服冠履穿戴整齊，一俟咽氣，將珍珠、玉器或制錢含入其口中，以紅布蓋面，在頭前焚燒紙錢，合家舉哀。
3. 成仙：即入殮。先將死者置於木板，擇吉時，孝子以清水

為死者擦洗眼睛，謂「開眼光」，棺內鋪香，上覆薄板並撒五穀、紙錢等，移屍入棺，用庫錢襯擠四周，之後加蓋封釘。堂中掛靈幛、置供桌、紙盆，家人焚香點紙、叩頭舉哀。③

4.成服：孝子按輩分、身分穿著孝服。

5.報喪：孝子親赴各親友處叩頭報喪。

6.懸紙桿、立秧榜：喪家門前懸掛紙桿，以死者歲數定紙張數，插於門頭，男左女右，門內立一木板，其上白紙書寫死者姓名、生卒年月日，下列孝子名次，又謂之告白，此時亦應將左鄰右舍門上貼上紅紙。

7.報廟：死後第三日晚，親友來弔，靈前致祭，孝子赴城隍廟或土地廟、五道廟，謂之「招死者魂回家使錢」，為其焚紙錢並設煙酒茶點（為男性死者）或梳洗器皿（為女性死者），意為送其上路，又稱為「接三」、「送路」。

8.過七：人死後第七日，謂之「頭七」，要供奉食物，焚香點紙，富者請僧道訟經，其後每七日如此設奠一次，至四十九日，謂之「盡七」。「七」在喪俗中占極重要的位置，所以無論漢族或其他民族都流行「做七」或稱「做旬」，亦即人死後，每逢七天要舉行一次一定的儀式，為死者超渡。所以民間常會道：「二七、三七解冤仇」，「五七、六七去煩憂」，「七七斷盡投生他鄉」。這是一種神緣說，意謂以七日為一期的尋求生緣的機會，一直到滿七，亦有聚散說，意謂人每七日生一魂魄，經過七七四十九天，才成，如此為死者修福，免受地獄之苦難，這其中五七是姸王盤查日，必祈地藏王菩薩超渡西天。另外回教亦有崇尚七日的習慣，而佛祖釋迦牟尼誕生下地時，自行七步，步步皆

表6-4　作法事習俗

項目	原本	改良	作法
開魂路			
出殯功德			唸經
跑藥懺			庫錢
秦廣王	頭七	七日	鮮花
楚江王	二七	九日	蓮花
宋帝王	三七	十一日	四果
伍官王	四七	十三日	蠟燭
閻羅王	五七	十五日	香燭紙錢
變成王	六七	十七日	清香
泰山王	滿七	二十四	十二碗
平等王	百日	卒哭	童男玉女
都市王	對年	小祥	三牲
轉輪王	三年	三年擇日合爐	

生蓮花，他最後成佛亦是面壁菩提樹下七晝夜方得道也。

一般作旬便是俗稱「三寶尊佛前引過，拾殿冥王判超生」。

一般周年與三周年的儀式較爲隆重。

9.開弔：開弔之前，要擇定吉日爲葬期並通告親友，送祭禮（親戚送供菜蒸盒、八仙茶點等禮物，朋友送輓聯、輓幛），宴賓客（開弔之日，親友均來弔祭，主人設宴款侍，作佛事，「家祭」、「點主」，辭靈遣棺），於出殯前一日晚間，焚香燒紙，開弔日期多至三日，少則一日。

10.出殯：移棺，槓夫將棺縛置槓上，富者還加以棺罩，啓靈，將「蜈蚣腳」與槓桿均銜接好，以八、十二、十六人等之方式，由抬柩人員平穩的抬起，另一人立即將「柩凳」踢翻或提走，謂之。送靈，孝子孝孫們用白布魚貫牽靈，匍匐號哭，僧道、鼓樂、輓聯、紙紮等分別排列，沿途親

友亦設路祭。送至一定地點後，焚化紙紮，送賓客隨神主而返，沿途隨行隨撒紙錢。「引豐斗」（豐斗乃象徵子孫倉稟實豐之意），內裝魂帛神位至魂轎車，長孫將一套新衣褲放在車內，俟入壙後要返主時，改換新衣褲回來，意即除穢迎新，喪事已圓滿完結。

11. 下葬：棺柩到後，用羅盤掉正方向，所用銘旌、墓誌布置妥當，孝子高呼死者三聲後填土掩埋，堆為墳丘。孝子供食品，焚紙錢，叩頭舉哀，事畢而返。

12. 圓墳：又稱「覆三」，葬後三日，孝子、眷屬及至親再赴塋地，焚香化紙，燒紙紮，再添墳土，痛哭而返。

13. 周年：死後周年，家人供神主，上墳祭奠，亦作佛事，至三周年畢，今均省為在一周年選一吉日合爐。

三、生死的儀式與禁忌

1. 倘若外人死在家中，亡者保祐，全家招祥。

2. 帶孝者不得參加社廟上梁，以免招致災禍。

3. 七月做功德，死者得不到，反招更多惡鬼。

4. 移動屍體或骨灰罋時，不可說「重」。如說「重」則更重。

5. 亡者口中應置珍珠、銀錢，亡者將斷氣前應使其身上留下現鈔，以留福澤於後代子孫。

6. 入殮封棺時，忌人影照入棺村中，會使其人不吉。

7. 安葬時，亡者生辰八字要合方位，子孫即免招凶。

8. 墳墓建於陰濕窪地，因死者亡魂不安，子孫不利。

9. 入殮時逢雷鳴，死者腹部會漲大，須用鏡子蓋壓其身。

10. 凡入殮、移棺、安葬時，日辰有沖煞者，應避開，以免招

凶。

11.發生凶死地點，應請法師超渡亡魂，以免亡魂不斷盤據作祟。

12.貓咪跳上屍體，屍體會驚嚇抱住旁人，亡魂將因此不得見三寶。

13.貓咪跳上裝屍棺本上撒尿，家人不吉，招災。故子孫要徹夜輪值守靈。

14.埋葬方位不可對厝角大柱、煙囪、路箭、崩坎等又水神犯煞，其家不久招凶。

15.埋葬時被日月照到，死者因得日月精華而變僵屍害人，故下午安葬時間忌拖延。

16.人死在原來的床舖上，沖犯床母，死後做鬼會抬床架，故絕氣後，宜同時移至人廳。

17.墳墓破裂，其子孫不久招凶，應擇天牛不守塚月、日、雜煞無犯之時辰，整修即安。

18.親人死亡，應選天門大開、神佛下降吉日良辰，修功德超升拔渡至極樂世界，即不致讓惡鬼引入地獄船。在外橫死之屍體運回家裡，會使人丁遭凶煞，如舀湯匙茶水予死者喝，並說：「賺大錢回來了」，即能因此而發大財，「姑枉言之，姑枉聽之」。

19.「空棺煞」：運送空棺到喪家的途中，若目睹者的磁場與喪家同，則目睹者便會被煞到，此時便必須到該棺材店拿未售出的棺材所刨下的棺木皮，燒成灰服下即可去除。

四、冥婚的習俗

冥婚是指人死後再結婚之意。可區分為男女生前未婚而亡，或已訂婚男女未婚而亡者兩類。此俗在古代稱為「嫁殤」或「遷葬」，《按周禮‧地官‧媒氏》有「禁遷葬者，與嫁殤者」之定律。鄭玄著注：「遷葬謂成人鰥寡，生時非夫婦，死乃嫁之。生年十九已下而死，死乃嫁之。不言殤娶者，舉女殤，可知也。」因古二十歲成年，故凡十九以下而死謂殤，所以夭殤之男或女成婚謂之嫁殤。另《小如錄》定嫁殤之儀說：「生非夫婦，而葬相從」，自唐宋後稱之「冥婚」。

現今冥婚的習俗仍有存留，人們給未婚而亡的青年男女合葬，使之結為冥界夫婦，此後雙方家庭亦作為親家保持來往。另一種情況的冥婚是男方為活人，女方為未婚死去的女子，這實際構成人鬼婚的形式，依台灣習俗，冥婚後男方仍可維持正常生活，再娶人世間之妻子，但所生之子必須登記在冥婚神位名下，並尊稱「大媽」，依時節按規定祭拜，讓其坐享祭品，獲得應有之歸宿，這種情況往往是雙方有某種利益、地位的需求和交換關係。

另外有時候某些人因為家庭、事業之不順遂，也會透過一般民間靈媒來解運，其中有時會涉及必須娶兩個妻子的姻緣時，便會因法律的約束而改求助冥婚的情形發生。由此可知世人迷信陰間生活與陽世應無差異，記得清代梁紹任《兩庵隨筆》一書提及：「今俗男女，已聘未婚而死者，女或抱主成親，男或迎柩歸葬。此雖俗情，亦有禮儀。」

五、觀落陰

所謂一般民間習俗上的觀落陰，即俗稱之觀三姑、遊地府，這是透過法師、道士以祈神的儀式，由法師或道士作法經踏魁罡、鹽米打煞、灑觀音水、腳踏七星步等儀式請神，引導參與者進入天庭或地府，參與者均以黑布蒙雙眼，赤腳踏著紙符，在法師或道士誦經作法下，藉此探視已去世的親人或查看自己的元神，以便藉此瞭解自己生命中的富貴貧賤、吉凶禍福、三世因果與流年等原屬於算命得知的事情，這種儀式頗具有神祕的宗教色彩。

六、荒親

舊時青年男女在服喪期內成親者稱作「荒親」。荒親之俗，在北朝時已肇其端。褚人穫在《堅瓠續集》卷一中記此俗說：「史稱石勒禁在喪嫁娶，歷代賢君反禁不止」。梁炤任更進一步推論，荒親之舉在春秋時已見經傳，後至唐代而風行於士庶之間。他在《兩般秋雨庵隨筆》卷八中說：「今俗乘凶納婦，名日『忽親』，又日『拜材頭』」。所謂「忽親」，即「荒親」或「攔親」一音之轉，春秋所記宣公之事，加果其在服喪期內赴齊逆夫人姜氏，那麼此風便可溯源於秦以前的時代了。

南北朝是個混亂時代，此時也有「忽親」之俗，但不是指喪服成婚，而是受社會動盪影響，適婚男女不論品貌，不較資財，不備六禮，遂而成親。

近代亦有，胡樸安《中華全國風俗志》下篇卷三〈山東‧鄒族之婚禮〉云：「有服內成親一事。男家有喪，女以齊衰至期。送喪歸，以吉服全房。女家有喪，男以車馬，俟於墓間，葬畢，

女易易彩服歸夫家。皆沿習使然，細民行之，士大夫亦不以爲意。」荒親陋習，相沿成習。從先秦至近代，小民百姓如此，士大夫亦然。

然喪期成親有時亦非自願，必須衡情度理來判斷其中是非，如旁人一味指陳其是非，實非妥適，只要不刻意喧囂浮華，亦可安慰先人，何嘗不是一段佳話與孝思！

第四節　生死不滅（喪葬習俗）

利用「出生與回到前世」的課程，將可以透過內在感官的觸覺感受到「昨天剛出生，今天便面臨死亡」的奇妙經歷，這種貫穿時空去領悟生命該如何真實完成的體驗，將會讓生命永不死寂的延續下去，這種生命的轉換將使得傳統習俗的傳承變得更加值得珍視與意義不同。

畢竟「生死由命，難脫定數」，與其汲汲於改變生命變數的宿命，還不如轉換給自己一個享受新生的機會與省思，那麼才能真正維繫「生死不滅」的永世傳承。易繫辭：「古之葬者厚衣之以薪」。而古代喪葬禮儀極其繁瑣複雜，其細目難以在此一一盡述詳陳，但它們在後世民間的沿革過程中難免會發生簡化、變異、流失以及某些添加、刪減，不過其主要內容、過程仍然未離其宗。足見中外習俗皆有異同處。最後便是掃墓及春節時應行注意事項：

1. 掃墓：頭一年掃墓爲清明節前十天，其意代表過世者能再對家人「瞻前」一番。頭二年掃墓爲清明節當天。頭三年

掃墓為清明節後十天，其意代表過世者能再對家人「顧後」一番。

2.春節：頭一年春節貼白紙。頭二年春節貼綠紙或藍紙。第三年春節則恢復貼紅紙。

註釋

1 上字第四二○六號判例。

2 釋字第五四九號解釋。

3 1959年台上字第二六○號判例。

4 1936年非字第一一九號判例。

5 1955年台上字第七五號判例。

6 1981年台上一○五九號判例。

7 郭于華著，《死的困惑、生的執著》（台北：洪葉文化，1994年），頁230-231。

8 同前註，頁107-108。

9 同前註，頁56-58。

郭于華著（1994）。《死的困惑、生的執著》。台北：洪葉文化。

劉俊麟著（1995）。《現代法律顧問（一）》。台北：書泉出版社。

劉俊麟著（1999）。《台灣生死書》。台北：聯經出版公司。

謝進編著（1996）。《精妙溝通技巧》。台北：漢欣文化。

蔡墩明著（1995）。〈醫療犯罪與因果關係〉。《法令月刊》，第46卷，第9期。

附錄一　常見詐騙犯罪型態及手法一覽表

犯罪態樣	犯罪手法
刮刮樂、六合彩金詐欺	1. 詐騙集團印製大量刮刮樂彩券寄出，收件人每刮必中鉅額獎金，當被害人打電話查詢時，對方即要求預付15%稅金的方式，連環詐財。 2. 詐騙集團刊登或散發廣告，偽稱為某國際集團公司，業與大陸官方交涉，可獨家鎮控香港彩券局之六合彩明牌，如有失誤願理賠千萬元等為餌，向各地六合彩迷詐財。 3. 詐騙集團將刮刮樂置於知名商品紙箱內，使消費者誤信為廠商的酬賓活動，而將稅金匯至指定帳戶內。 4. 詐騙集團利用報紙刊登中獎名單，並在宣傳單上印有香港特區行政長官董建華的照片作為集團負責人，俾以取信民眾。
信用卡詐欺	1. 歹徒設法先行得知消費者信用卡內碼後，據以偽（變）造該信用卡，再勾結商家大肆消費。 2. 歹徒以偽造、拾得他人遺失之身分證，向銀行申請信用卡後盜刷。 3. 歹徒在原申請人未收到銀行寄出的信用卡前，將其攔截後盜刷。 4. 歹徒以空白信用卡，用打凸機、錄碼機、燙印機打上持卡人身分資料、卡號及發卡日期，複製猶如真品的信用卡，再與廠商勾結刷卡，復向銀行要求理賠後對分利益。 5. 被害人利用信用卡在電腦網路上購物消費，致信用卡卡號遭到網路駭客入侵攔截，繼而被冒用盜刷。
行動電話詐欺	1. 歹徒利用電腦傳送「中轎車」、「中大獎」之手機簡訊，使手機簡訊接收者誤以為中獎，該詐騙集團即要求民眾必先提供稅金，以保有中獎之禮品，騙取民眾之錢財或在簡訊留下一組0941、0951、0204、0209等加值付費電話號碼，要求回電。 2. 部分用戶信以為真並以手機回電，對方即藉故聊天閒扯，延長通話時間，藉機詐取電話費用。
金融卡匯款方式詐欺	歹徒利用一般媒體、網路或散發傳單，以超低價格販售賣相良好之商品，待民眾電話詢價時，即稱良機不再，須即刻以金融卡轉帳方式購買，再利用一般民眾不懂轉帳程序，而設計出一套繁複的操作順序指示，按照其指示操作後，轉帳成功的金額往往數十倍於原來之費用，以達到詐轉被害人存款的目的。
網路購物詐欺	歹徒在網路上刊出非常低廉的商品誘使民眾匯款，再以劣品充數，交易完成後即避不見面。

犯罪態樣	犯罪手法
網路銀行轉帳詐欺	歹徒在報紙刊登廣告或散發傳單，宣稱可幫助民眾貸款、加盟、購買法拍物等，要求被害人先行至其指定銀行開戶，存入相當之權利金或保證金，並設定電話語音約定轉帳帳戶（網路銀行服務及語音查詢帳戶餘額），然後歹徒再要求被害人提供語音查詢餘額密碼及身分證件、地址等相關資料以便確認，利用電話語音轉帳功能（網路電子交易）將被害人之存款轉帳領走。
提款機詐欺	歹徒利用民眾貪圖方便心理，於遊樂場所或臨時市集、夜市旁放置假提款機或在提款機鍵盤套上假鍵盤，當民眾置入信用卡或金融卡或按鍵後側錄密碼，進而盜領存款。
假權狀、證照文件詐欺	歹徒利用精密手法，偽造、變造身分證件或政府機關核發之執照、權狀、文書等證件，實施各種詐欺行為；如偽（變）造他人身分證申領護照，或以假文件請領土地所有權狀等是。
金光黨詐欺	以二人或三人一組，向被害人謊稱其中一人為傻子，身懷鉅款或金飾，利用人性貪小便宜弱點，激起被害人的貪念，以「扮豬吃老虎」方式，騙取財物，配合「調包」等手法，用假鈔或假金飾詐財。或者向被害人佯稱其手上有甫行挖掘出土的元寶、金條或戒指等金飾，因需款應急，願以低價出售，引起受害人貪念而購買受騙。
設假賭局詐欺	以五人到八人一組，在市場附近以投環或設牌九賭博來欺騙菜籃族，而其共通特色均有被害人感到昏眩的感覺。
票據詐欺（芭樂票詐欺）	1.在銀行開立支票存款帳戶，以空頭支票詐欺購得財貨，借貸或清償債務。 2.以他人名義設立帳戶領取支票，或以他人名義開戶，領取支票販賣，供人開立空頭支票，以為詐欺之用。
虛設行號詐欺	1.刊登廣告虛設行號，廣招職員，以就業為餌，詐取就業保證金。 2.虛設行號出售統一發票，便利他人逃漏稅之詐欺犯罪。 3.虛設公司行號，以空頭支票對外購貨或舉債，達到詐財目的。 4.假稱經營事業利潤優厚，並以缺乏資金為由，利用人貪圖暴利之心理弱點，引誘入股，四處吸金詐財。
重利型投資吸金詐欺	以投資重大土地開發或專利案之暴利行業為餌，初期給予投資者些許利益甜頭，待吸金達到一定飽和點就宣布倒閉潛逃，使參加投資者遭受錢財損失。
惡性倒閉詐欺	讓人誤信其公司之營業及財務狀況良好，藉以向外大舉進貨或借貸，隨後將財產化整為零，宣告倒閉，續以極低金額折成償還，並請被害人立據放棄其餘債權。此即俗稱之「破產詐欺」。

犯罪態樣	犯罪手法
互助會詐財	以會養會並自任會頭，暗自以會員名義連續標得會款，再捲款潛逃。
不動產售賣詐欺	1.一屋數賣：將已出售而未辦理所有權移轉登記之不動產，再次出售。 2.出售人將不動產讓給買受人，趁其未辦理移轉登記之際，復將該不動產設定抵押權，向抵押權人貸款，或將已設定抵押權之不動產以無抵押之價格出售。 3.以虛構事實刊登廣告誘人投資或預售房屋，以騙取訂金。
假流當品詐欺	歹徒利用人多場所擺設高級飾品或用品，並有大型招牌書明爲某大當鋪流當品大拍賣，其實際價值往往爲售價的十分之一以下。
坊間調查詐欺	歹徒於不特定地點、會場、說明會、大型集會或路邊，以某項調查或假民調、新品上市爲名，並以只須填寫資料即可獲紀念品爲餌，使他人填入含身分證在內之個人資料，歹徒再利用這些資料去詐領信用卡或其他有價證券等。或者於取得信賴後，郵寄小禮物或再以中獎爲餌，並透過回電而在電話中製造抽獎活動開獎的背景聲音，讓人信以爲眞，接著再騙付手續費、會員費。
保險詐欺	1.病患以行賄或其他不法方法取得不實之健康證明書，簽買人壽保險，旋即病故，由受益人領得保險金。 2.將投保之房屋、汽車等產物故意破壞或謊報失竊，致使保險標的減失，以詐領保險金。 3.爲親人、他人或自己簽買保險契約，而後謀害親人、他人或找人替死，以詐領保險金。
詐購財物詐欺	僞稱購買，利用商人售貨牟利及商業信賴心理，於取得財貨後逃匿。
巫術或宗教詐欺	利用他人迷信心理，以鬼神之說恐嚇受害人，再僞稱能爲人作法、消災、去厄、解運、祈福等；或以提供命相、卜卦等勞務，遂其「騙財騙色」目的；或以建廟、建寺等爲名，向信徒募款詐財。
重病醫藥詐欺	類似金光黨詐欺模式，以三至五人爲一組，向罹患重病、痼疾者或其家屬，詐稱其中一人爲名醫，並有珍貴名藥、偏方可醫治其病，利用被害人或其家屬之沮喪、絕望及姑且一試心理，騙取巨額醫藥費。
假身分詐欺	如假冒司法調查人員收取紅包；冒用警察身分臨檢或辦案斂財；假藉公益團體騙取善款；假藉社工發放老人年金之名，騙取存摺、印章進而盜領存款；冒充星探向欲往演藝界發展少女，騙財騙色等皆是。
勞務代辦詐欺	假藉爲人代辦事務或某特定勞務，要求預付報酬或因該工作所需之費用，詐取他人財務，如俗稱「○○黃牛」均是。

犯罪態樣	犯罪手法
居間媒介詐欺	利用媒介雙方訂約機會，居間詐得他人財物。如偽稱介紹職業或介紹外籍、大陸新娘，從中騙取介紹費、保證金或代辦費等。
打工陷阱詐欺	刊登廣告以高薪、工作輕鬆，徵求「公主」、「男公關」或「影、歌星」為餌，向應徵者騙取訂金、保證金、置裝費、訓練費、替代保證金等詐財。
不法傳銷詐欺	不法業者以績效獎金及分紅制度為幌，實則以「老鼠會」傳銷商品方式，向求職者詐騙錢財與勞力。
不法演藝詐欺	不法業者假借經濟模特兒或演藝事業騙取拍照定裝費用，等詐騙對方財物後，藉詞說無機會或安排一些臨時演員的工作來敷衍。
婚友詐欺	婚友社利用謊稱未婚或已離婚，利用他人急於交友、尋找婚姻對象或續絃，以結婚、交友為餌，詐騙財物後，藉詞拖延或一走了之。
謊報傷病救急詐欺	向被害人謊稱其親人、朋友或同學遭逢車禍或其他重大變故，急需用款，利用被害人一時心慌、情急、不及思考及查證之情況，倉促之間誤信歹徒而受騙破財。
老千集團詐欺	由三至五名精於賭術者設局詐賭，以高超賭術或賭具，利用科技電子儀器，向民眾詐財。
假退稅、老人年金詐欺	假冒國稅局退稅、勞保局、郵局、中華電信或監理單位等機關名義，以發手機簡訊或打電話聯絡被害人，佯稱核退被害人一筆稅款、勞保費、匯票、電話費或溢繳罰款，要求或誘騙被害人利用提款機轉帳方式辦理退稅（費）手續，被害人依指示操作自動櫃員提款機後，即將被害人帳戶內存款轉匯到詐騙集團虛設之人頭帳戶內。
假貨騙售或假訂單詐欺	以出售不具真實價值之物品，詐取財物，如出售偽（劣）藥、偽（劣）酒牟利等；亦有利用幾次訂貨付款取得信任後再大量訂貨後逃逸等詐騙行為。
佯稱代辦貸款詐欺	於報上刊登廣告，佯稱可為急需用錢者代辦貸款事宜，藉此向被害人騙取律師（代書）代辦手續費、保證金等。
假稱傷病、貧困詐欺	佯裝傷病、謊稱潦倒困苦或無車資返家，藉此博人同情，騙取車資、醫藥或生活費等。
超收拖吊車輛費用詐欺	被害人車輛在公路（尤為高速公路）拋錨，拖吊業者於車輛拖吊或修復後，向被害人索取顯不相當之高額費用。
偷斤減兩詐欺	商家出售貨品或提供服務時，將定規法碼之衡器暗動手腳，如買賣蔬果短少斤兩、計程車跑錶加速跳動等，多賺價款。

犯罪態樣	犯罪手法
登廣告假脫售真詐欺	佯稱BMW、BENZ等名車、名畫或貴重金飾、音響等物品急需脫售，向被害人收取訂金，並給予一張等額的支票為憑，另以需辦理過戶或其他理由騙取被害人身分證件、印鑑，即不知去向，續行詐騙。
假募款真詐欺	以同鄉會、校友會或知名企業、公益團體或民意代表名義散發賑災傳單，利用民眾行善的心態，依指定帳戶匯款以行詐騙。
假求職應徵會計詐欺	以冒用之身分證應徵公司職員（會計），利用機會取得（騙取）公司存摺、印鑑、提款卡及公司用章等前往銀行盜領一空。
佯稱代辦「美金額度」信用卡詐欺	不法集團在媒體刊登廣告，冒用銀行外國分行的名義，佯稱是某銀行外國分行駐台代表，可代辦該行高額的「美金額度」信用卡，藉以向民眾詐騙手續費。
非法炒匯期貨詐欺	以投資公司名義，辦理投資講座，吸收追求高薪和喜好投資理財的年輕學子和社會新鮮人投入，以提供「外匯保證金交易」能夠獲取厚利為餌，慫恿不知情的客戶，下海加入外匯、期貨交易買賣，由客戶與該投資公司，進行非法外匯、期貨對賭，利用不實操縱的外匯、期貨行情變動詐騙客戶，讓客戶血本無歸。
假冒國外大學在台開班或遊學詐欺	刊登廣告以教育部未正式認可之國外大學或藉口代辦遊學，在台開班授與學位為名，騙取學費。
算命看風水改運真詐欺	利用民眾迷信心理，以命相、排流年、看風水，消災、解厄、改運、造墳為名騙取高額費用。
假外遇徵信詐欺	非法徵信社利用當事人極需蒐集配偶外遇證據，自導自演拍攝剪輯蒐證影帶，向被害人收取費用。
瘦身美容沙龍詐欺	1.瘦身美容中心騙術四部曲—誘惑、促銷、推託、恐嚇—假成功案例（自己人客串）。 2.瘦身中心為突破消費者心防，常以速戰速決方式，各個擊破結伴而去的客人誤以為同伴已簽約，因此也跟著簽約。同時，業者對外宣傳課程聽來物廉價美，但業者常常故意將顧客身材批評得體無完膚，迫使顧客花許多錢購買更多課程、用品。
偽造信用卡詐欺	不法集團以出國竊取信用卡卡號、回國製卡盜刷為詐財方式，從東南亞各國商店，以側錄機竊得卡號後，再於台灣偽造金卡消費盜刷。
以招攬旅遊詐欺	歹徒假冒旅行社或遊輪公司對外散發招攬旅遊廣告，聲稱以最優惠價使民眾上鉤，並以代辦護照為由，騙取身分證、手續費等款項後，不知去向。
網路信用卡詐欺	利用信用卡公司在網路上登載檢測偽卡程式，輸入一組正確信用卡卡號，程式卡產生數千至數萬個信用卡卡號，歹徒再利用所產生之卡號非法上網購物消費。

犯罪態樣	犯罪手法
冒牌銀行網路詐欺	拷貝網路銀行網站的網頁，假冒該銀行之名提供「活期儲蓄存款」、「定存本利和」、「定期儲蓄存款利率」、「零存整付本利和」等多功能，讓使用者誤上冒牌的網路銀行，洩漏個人身分證件或銀行帳號及密碼等重要資料，再進行盜領。
網路交友詐欺	女性歹徒利用網路聊天室認識多名男性網友，假冒身分如偽稱某知名大學研究生、課餘兼職拍攝廣告等，並將電視廣告模特兒照片寄給對方，最後假藉理由向男性網友借錢，款項到手後不知去向。
網路金光黨詐欺	不法之徒在網路上以「大家來賺錢，這是真的，不是騙人的」標題，在新聞討論群組張貼郵遞名單事業信件，信中列有五人姓名及地址，指示網友寄給名單上五人各一百元，再將列於第一位者之姓名自名單除去，將第二名以下往前遞補一順位，最後當自己的姓名遞補至第一位時將可獲得約七千萬元。
網路虛設行號「移花接木」詐欺	於網路上虛設高科技公司，以低價販賣高科技新產品，並在網站上展示MP3隨身聽等產品，該公司及網站俟收到網友所寄購買產品之款項後，公司便人去樓空，網站亦隨之關閉。
權利金或保證金網路詐欺	歹徒在報紙上或散發傳單，宣稱可幫助民眾貸款、加盟、購買法拍車等，要求被害人先到其指定銀行開戶，存入相當之權利金或保證金，並設定電話語音約定轉帳帳戶，然後歹徒再要求被害人提供語音查詢餘額密碼及身分證件、地址等相關資料以便確認，再行利用電話語音轉帳功能（網路電子交易）將被害人之存款轉帳領走。
網路假貨騙售詐欺	不法之徒在網站、跳蚤市場上張貼販賣便宜的電腦燒錄器、行動電話等二手貨或大補帖等物品，且通常以貨到收款方式交易，被害人收到物品常是有瑕疵或不堪使用的貨品或空白或已損壞的光碟片。
假證照詐欺	不法之徒為逃避警方查緝，以上網或登報方式，高價收購或租用他人相關金融機構帳戶或身分證件，再以這些證件申請銀行人頭帳戶，從事販賣盜版光碟、詐欺、恐嚇取財等不法行為。
假保證獲錄取就業詐財	詐騙集團在網路以政府兩百億元公共服務擴大就業方案為誘餌，要民眾繳交兩千元加入會員，保證獲錄取得到就業機會。電子廣告信內容指職訓局釋出十一．五萬個工作機會，並臚列全省各級政府、北高市議員、全省各公立學校、績優國營事業、各縣市銀行及農漁會等名額約聘雇人員職缺，誆稱只要繳錢加入會員，保證可獲錄用等。
家庭代工詐騙手法	此類詐騙手法曾在坊間盛極一時，詐騙集團以增加家庭收入為餌，可將佛珠、水晶、塑膠花、香水、郵貼等代工品在家代工，以引誘被害人，騙取器材費、保證金、折損費後即逃逸。

犯罪態樣	犯罪手法
色情廣告詐騙手法	詐騙集團以媒介色情交易的小廣告招攬被害人，先要求被害人將召妓費匯入指定之帳戶，再要求被害人到指定的賓館「開房間」等小姐，最後「人財兩空」。
假護膚真詐財手法	這種是以「色情」為幌子的詐騙手法，即先由身材容貌姣好的妙齡女郎替被害人進行全身按摩，再由店內人員向被害人誘稱「只要刷卡付費加入該店會員，便可享受與店內小姐再進一步全套的性服務」，但被害人付費後並未享受該店承諾之性服務，損失之金額約在新台幣五萬元至十萬元之間。
SARS防疫或禽流感補助款詐騙手法	因應SARS疫情而生的新興詐騙手法，詐騙集團假冒各市、縣（市）政府所屬衛生局（所）人員，打電話給居家隔離之被害人，佯稱可獲得政府五千元之補助金，並要求被害人提供帳號利用「提款機」轉帳，趁機將被害人帳戶內存款轉匯到詐騙集團虛設之人頭帳戶內。
報明牌詐欺	歹徒刊登廣告或散布手機簡訊，佯稱有特殊管道取得香港六合彩或樂透彩等明牌「號碼」包你中獎，要求彩迷匯錢買「明牌」詐騙。
盜撥行動電話	歹徒假稱為AT&T服務人員要測試電話，然後要求按90#，而這是允許他人可使用該電話撥打長途國際電話。
假擄車、擄人，真詐財	歹徒尾隨民眾車輛違停被拖吊，將警方所留粉筆資料擦去，再留電話與被害人聯絡，利用被害人緊急慌亂之際疏於查證，要求被害人至自動櫃員機辦理轉帳，騙取錢財。
利用民眾恐懼心理詐欺	歹徒假冒銀行名義，通知被害人個人資料業經外洩，要求被害人聽從指示至提款機更改密碼；被害人基於恐懼憂慮，信以為真，即至提款機前按照歹徒的指示，逐步變更、重新輸入，將帳戶內存款轉匯到詐騙集團虛設之人頭帳戶內。
在藥房吃藥後昏倒恐嚇	詐騙集團，鎖定藥房，負責演戲的，吃胃藥後假裝氣喘病發作，還怪罪藥房賣的藥有問題，如果不從，出言恐嚇，由於大多數藥房還真怕賣的藥出問題，歹徒鎖定這種心態，屢試不爽。
利用親情謊報綁架勒贖	歹徒利用假冒的小孩哭救聲，來要求家長將款項匯入其指定的人頭銀行帳戶中。
竊取資料恐嚇詐財	歹徒竊取被害人信箱內的帳單信件並取得基本資料，直接打電話或傳手機簡訊給被害人，佯稱自己是道上兄弟，為被害人得罪的某人主持公道或曾與人結怨代為調解。要求匯出數萬至十多萬元不等來擺平糾紛，否則斷手腳，並直接說出家中成員、行業、地址等資料，不想受傷就花錢了事。
假冒郵差快遞詐財	歹徒假冒郵差，謊稱須蓋印章簽收掛號郵件，將一張高價面額之本票，前後左右摺疊起來，露出空白的一面，使人誤以為是掛號信收執聯，在冒牌郵差半推半就下蓋章，讓民眾遭受重大財產損失。

資料來源：法務部政風司網站及新聞資訊彙整。

附錄二　法定待辦事項

遺體接受及殯儀館之殯葬治喪

(一)遺體接受
　　1.應備證件：
　　　　(1)一般死亡：死亡證明書。
　　　　(2)意外死亡：
　　　　　　A.警察機關之證明書。
　　　　　　B.相驗屍體證明書。
　　2.申請方式：
　　　　(1)直接到殯儀館服務中心辦理。
　　　　(2)以電話說明：
　　　　　　A.亡者姓名、戶籍地、性別、死因。
　　　　　　B.接運之地點。
　　　　　　C.申請人姓名、與亡者關係、承辦公司、連絡電話。
　　3.接運屍體及繳納規費。
(二)殯葬治喪
　　1.到場親自辦理禮廳訂租事宜。
　　　　(1)填寫委託治喪申請書並簽章。
　　　　(2)檢附死亡證明書或相驗屍體證明書。
　　　　(3)繳納規費（有些縣市按廳之大小、時段及好壞日分別訂有不同的
　　　　　　收費標準）。
　　2.辦理靈柩寄存事宜。
　　　　(1)填寫靈柩寄存申請（保證）書，並簽章。
　　　　(2)檢附死亡證明書及埋葬許可證（或切結書）。
　　　　(3)繳納規費。
(三)遺體處理
　　1.火葬：
　　　　(1)火葬許可證申請暨火化爐訂租：
　　　　　　A.填寫火葬許可證申請書暨火化爐使用申請書。
　　　　　　B.檢附死亡證明書正本兩份（或相驗屍體證明書正、影本各一
　　　　　　　份）。
　　　　　　C.申請人身分證正、反面影本及私章。
　　　　　　D.繳納火葬費及骨灰罈封口費。
　　　　(2)骨灰寄存：按骨灰罈、罐來收費。
　　2.土葬（各縣市殯葬管理處第二課）：
　　　　(1)填寫許可證申請暨墓地使用：

A.填寫許可證申請書暨公、私墓地使用申請書。

B.檢附死亡證明書正本參份（或相驗屍體證明書正本兩份、影本一份）。

C.申請人身分證正、反面影本及私章。

D.繳納規費。

(2)繳納遺體防腐處理費。

(四)聯合奠祭

1.可向各縣市服務中心查詢。

2.到場親自辦理聯合奠祭事宜。

應備文件：死亡證明書正本兩份、影本一份，申請人身分證正、反面影本及私章。

3.一般提供免費之項目包括：

(1)遺體接送。

(2)禮堂租借。

(3)禮儀服務：包括司儀、樂隊及誦經。

(4)遺體處理：包括洗身、著裝、化妝及大殮。

(5)遺體冷藏：一般以兩週爲限。

(6)火化服務：包括遺體火化、火化棺木、套棺、骨灰罈、骨灰罈封口及骨灰寄存。

◆戶政機關之除戶證明，攜帶死亡診斷書（檢驗報告書、或檢附法院判決書及確定書），及申請人的身分證明及印章辦理。

◆稅捐機關之完稅證明。

◆如果係農民過世依農民健康保險條例第四十條之規定被保險人死亡時，按其當月投保金額，給與喪葬津貼十五個月。前項喪葬津貼，由支出殯葬費之人領取之。

其申辦手續依農民健康保險條例施行細則第三十二、三十三、六十六條之規定：

以現金發給之保險給付，保險人算定後，逕匯被保險人或其受益人或支出殯葬費之人，並通知其投保單位於自行保管之保險卡上註明之。

被保險人或其受益人或支出殯葬費之人申請現金給付手續完備，經審查應予發給者，保險人應於收到申請書之日起十日內發給之。

依本條例第四十條規定請領喪葬津貼者，其應備之書件如下：

1.喪葬津貼申請書。

2.給付收據。

3.死亡診斷書或檢察官相驗屍體證明書（死亡宣告者爲判決書）。

4.載有死亡日期之戶籍謄本。

5.支付殯葬費之證明文件（配偶或二親等以內親屬支付者免）。

筆
記

The Law and Life
法律 與人生

法律與人生

作　　　者☞ 劉俊麟

出　版　者☞ 揚智文化事業股份有限公司

發　行　人☞ 葉忠賢

執行編輯☞ 姚奉綺

登　記　證☞ 局版北市業字第1117號

地　　　址☞ 台北縣深坑鄉北深路三段260號8樓

電　　　話☞ (02)26647780

傳　　　眞☞ (02)26647633

劃撥帳號☞ 19735365　戶名：葉忠賢

法律顧問☞ 北辰著作權事務所　蕭雄淋律師

印　　　刷☞ 大象彩色印刷製版股份有限公司

初版一刷☞ 2006年8月

Ｉ Ｓ Ｂ Ｎ☞ 957-818-789-0

定　　　價☞ 新台幣 320 元

訂書、服務信箱☞ service@ycrc.com.tw

國家圖書館出版品預行編目資料

法律與人生 / 劉俊麟著. --初版. --臺北市
：揚智文化, 2006〔民95〕
面：　公分
ISBN 957-818-789-0（平裝）

1. 法律

580　　　　　　　　　　　　　95007758